AF633913

Anna Colella

Italienisch
Power-Grammatik PLUS

ZUM ÜBEN & NACHSCHLAGEN
PLUS INTERAKTIVE VERSION

Hueber Verlag

Großer Dank gebührt meiner Familie für die Unterstützung.

Der Verlag dankt Dr. Anna Barbierato für die zusätzlichen interaktiven Übungen der interaktiven Version.

Cover: © Getty Images/E+/Gian Lorenzo Ferretti Photography
Illustrationen: Martin Guhl, Stein am Rhein, Schweiz (www.cartoonexpress.ch)

Die Online-Tests stehen unter
https://go.hueber.de/power-grammatik/italienisch
zur Verfügung.

Dieses Werk ersetzt die ISBN 978-3-19-515341-6 (Die neue Power-Grammatik Italienisch).

Der Verlag weist ausdrücklich darauf hin, dass im Text enthaltene externe Links vom Verlag nur bis zum Zeitpunkt der Buchveröffentlichung eingesehen werden konnten. Auf spätere Veränderungen hat der Verlag keinerlei Einfluss. Eine Haftung des Verlags ist daher ausgeschlossen.

Das Werk und seine Teile sind urheberrechtlich geschützt. Jede Verwertung in anderen als den gesetzlich zugelassenen Fällen bedarf deshalb der vorherigen schriftlichen Einwilligung des Verlags.

Die automatisierte Analyse des Werkes, um daraus Informationen insbesondere über Muster, Trends und Korrelationen gemäß § 44b UrhG („Text und Data Mining“) zu gewinnen, ist untersagt.

Eingetragene Warenzeichen oder Marken sind Eigentum des jeweiligen Zeichen- bzw. Markeninhabers, auch dann, wenn diese nicht gekennzeichnet sind. Es ist jedoch zu beachten, dass weder das Vorhandensein noch das Fehlen derartiger Kennzeichnungen die Rechtslage hinsichtlich dieser gewerblichen Schutzrechte berührt.

4. 3. 2. | Die letzten Ziffern
2030 29 28 27 26 | bezeichnen Zahl und Jahr des Druckes.
Alle Drucke dieser Auflage können, da unverändert,
nebeneinander benutzt werden.
1. Auflage
© 2023 Hueber Verlag GmbH & Co. KG, München, Deutschland
Umschlaggestaltung: Sieveking Agentur, München
Layout und Satz: Sieveking Agentur, München
Redaktion: Stephanie Pfeiffer, Jürgen Frank, Hueber Verlag, München
GPSR-Kontakt: Hueber Verlag GmbH & Co. KG, Baubergerstraße 30, 80992 München,
kundenservice@hueber.de
Druck und Bindung: PASSAVIA – Druckservice GmbH & Co. KG, Medienstraße 5b, 94036 Passau,
info@passavia.de
Printed in Germany
ISBN 978-3-19-545341-7

Art. 530_29601_001_02

Was ist die Power-Grammatik Italienisch PLUS?

Die Power-Grammatik Italienisch PLUS bietet ein übersichtliches, intensives Lern- und Übungsprogramm. Sie basiert auf dem Prinzip: Lernen – Üben – Testen.

Für wen ist die Power-Grammatik Italienisch PLUS gedacht?

Die Power-Grammatik Italienisch PLUS kann im Selbststudium oder auch kursbegleitend eingesetzt werden. Sie richtet sich an Lernende im Anfängerbereich, die die italienische Grundgrammatik aufarbeiten wollen. Außerdem eignet sich das Buch ideal zur Wiederholung und Auffrischung. Je nach Bedarf ist es möglich, gewünschte Kapitel oder zusammenhängende Themen auszuwählen, oder das ganze Buch systematisch durchzuarbeiten.

Wie ist die Power-Grammatik Italienisch PLUS aufgebaut?

Das Buch besteht aus 64 Kapiteln, die alle wichtigen Themen der italienischen Grammatik umfassen und leicht und verständlich abhandeln. Die Strukturen der italienischen Grundgrammatik werden dabei aufbauend vermittelt. Komplexere Themen *(Pronomen, passato prossimo, imperfetto)* sind über mehrere Kapitel verteilt.
Die Lerneinheiten sind klein und überschaubar. Jedes Kapitel ist auf zwei Seiten verteilt. Auf der linken Seite wird die Grammatik durch klare, knappe Erklärungen und viele Beispiele erläutert. Der Einstieg in das Grammatikthema erfolgt über einen Cartoon, der den Gebrauch des Grammatikthemas veranschaulicht.
Zum leichteren Verständnis wird auf Unterschiede zur deutschen Sprache gesondert hingewiesen.
Die rechte Seite enthält in der Regel vier Übungen, die das Grammatikthema des Kapitels vertiefen. Eine zusätzliche Übung steht Ihnen in der interaktiven Version (siehe unten) zur Verfügung. Die Übungen sind nach Schwierigkeitsgrad geordnet, anspruchsvollere stehen am Ende des Kapitels.
Nach Abschluss einzelner Themenbereiche erfolgt ein Test zur Kontrolle des Lernfortschritts: im Buch und jetzt auch online!
Der Anhang enthält den Lösungsschlüssel zu den Übungen, eine Liste der wichtigsten unregelmäßigen Verben, das Register und das Glossar des Übungswortschatzes.

Unterrichten und Lernen – wie und wo Sie wollen

Ob im Kurs, von zu Hause oder unterwegs per Tablet oder Laptop: Wir stellen Ihnen das vorliegende Buch auch digital als **interaktive Version** zur Verfügung und bieten außerdem zu jedem Kapitel eine weitere interaktive Übung (den Verweis finden Sie jeweils auf der rechten Übungsseite unten rechts).
Mit der **Hueber interaktiv App** können Sie die interaktive Version auch offline nutzen und per Smartphone darauf zugreifen.

Übrigens: Ihren Startcode zur Aktivierung der interaktiven Version finden Sie auf der vorderen Umschlagseite innen.

Inhalt

1 Amore, pizza e cappuccino ...

Liebe, Pizza und Cappuccino ...

Substantive mit Endung auf -o, -a, -e

REGEL Im Italienischen sind Substantive entweder männlich (m) oder weiblich (w) und unterscheiden sich durch jeweils andere Endungen.

Substantive mit Endung auf **-o** sind in der Regel männlich und enden im Plural auf **-i**.

cappuccin**o** ➡ cappuccin**i** *Cappuccino*
aperitiv**o** ➡ aperitiv**i** *Aperitif*

Substantive mit Endung auf **-a** sind in der Regel weiblich und enden im Plural auf **-e**.

pizz**a** ➡ pizz**e** *Pizza*
oper**a** ➡ oper**e** *Oper / Werk*

Substantive mit Endung auf **-e** können sowohl männlich als auch weiblich sein und enden im Plural auf **-i**.

amor**e** (m) ➡ amor**i** *Liebe*
nott**e** (w) ➡ nott**i** *Nacht*

	Singular		Plural
männlich	-o	➡	-i
weiblich	-a	➡	-e
männlich oder weiblich	-e	➡	-i

1. Entscheiden Sie, ob die Wörter männlich oder weiblich sind. Achten Sie auf die Wörter mit Endung auf -e. Benutzen Sie dazu das Glossar.

carne bicicletta libro acqua birra vino tramezzino spumante casa ragazzo pensione mare

männlich	weiblich

2. Kreuzen Sie die richtige Pluralform an.

a	piatto	☐ piatte	☐ piatti
b	treno	☐ trene	☐ treni
c	insalata	☐ insalate	☐ insalati
d	ristorante	☐ ristoranti	☐ ristoranta
e	finestra	☐ finestri	☐ finestre
f	pomodoro	☐ pomodori	☐ pomodora
g	bicchiere	☐ bicchieri	☐ bicchiera
h	colazione	☐ colaziono	☐ colazioni
i	lampada	☐ lampade	☐ lampadi
j	televisione	☐ televisiona	☐ televisioni

3. Suchen Sie im Kasten die italienischen Bezeichnungen – waagerecht oder senkrecht – für die unten stehenden deutschen Wörter und bilden Sie die entsprechende Pluralform.

Fisch Flasche Student Zitrone Frau Tag Hörnchen Person

Plural

p	b	o	t	t	i	g	l	i	a	c
e	p	e	r	s	o	n	a	t	l	o
s	t	a	v	o	h	i	s	t	i	r
c	s	i	g	n	o	r	a	p	m	n
e	p	i	a	r	a	v	i	d	o	e
s	t	u	d	e	n	t	e	s	n	t
e	b	a	g	i	o	r	n	o	e	t
t	b	a	f	a	r	a	c	h	i	o

4. Vervollständigen Sie die Tabelle und geben Sie an, ob die Wörter männlich (m) oder weiblich (w) sind.

Singular	Plural	m	w
lingua		☐	☐
prenotazione		☐	☐
	polli	☐	☐
	canzoni	☐	☐
lavoro		☐	☐
ospedale		☐	☐
	antipasti	☐	☐
	strade	☐	☐

2 Due caffè!

Zwei Kaffee!

Substantive: Besonderheiten von Genus und Pluralbildung

REGEL Nicht alle Substantive sind regelmäßig. Einige Substantive weisen Besonderheiten im Genus und bei der Pluralbildung auf.

	Singular	Plural	
Substantive mit Betonung auf der letzten Silbe besitzen im Singular und Plural die gleiche Form.	caff**è** (m) citt**à** (w)	caff**è** citt**à**	*Kaffee / Kaffee* *Stadt / Städte*
Substantive, die mit einem Konsonant enden, sind in der Regel männlich und bleiben im Plural unverändert.	ba**r** (m) fil**m** (m)	ba**r** fil**m**	*Bar / Bars* *Film / Filme*
Einige Substantive auf **-o** sind weiblich und besitzen im Singular und Plural die gleiche Form.	fot**o** (w) aut**o** (w)	fot**o** aut**o**	*Foto / Fotos* *Auto / Autos*
Substantive auf **-ma** sind männlich und enden im Plural auf **-i**. *aber:*	proble**ma** (m) te**ma** (m) cine**ma** (m)	proble**mi** te**mi** cine**ma**	*Problem / Probleme* *Thema / Themen* *Kino / Kinos*
Substantive auf **-ista** sind männlich oder weiblich und enden im Plural auf **-i** bzw. auf **-e**.	tur**ista** (m/w)	turist**i** (m) turist**e** (w)	*Tourist / Touristen* *Touristin / Touristinnen*
Weibliche Substantive auf **-ca** und **-ga** enden im Plural auf **-che** und **-ghe**.	domeni**ca** (w) colle**ga** (w)	domeni**che** colle**ghe**	*Sonntag / Sonntage* *Kollegin / Kolleginnen*
Männliche Substantive auf **-co** und **-go**: Wenn die vorletzte Silbe betont ist, enden diese Substantive in der Regel im Plural auf **-chi** und **-ghi**. *aber:*	ted**esco** (m) alb**ergo** (m) am**ico** (m)	ted**eschi** alb**erghi** am**ici**	*Deutscher / Deutsche* *Hotel / Hotels* *Freund / Freunde*
Wenn die drittletzte Silbe betont ist, enden sie in der Regel im Plural auf **-ci** und **-gi**. *aber:*	m**e**di**co** (m) psic**o**lo**go** (m) di**a**lo**go** (m)	m**e**di**ci** psic**o**lo**gi** di**a**lo**ghi**	*Arzt / Ärzte* *Psychologe / Psychologen* *Dialog / Dialoge*

1. Tragen Sie die Wörter in die passende Spalte ein. Achtung! Einige Wörter können mehrmals eingetragen werden.

problemi – film – dentista – albergo – amici – dramma – auto – città – moto – amiche

	Singular	Plural
männlich		
weiblich		

2. Männlich oder weiblich? Welches Wort passt nicht in die Reihe?

a foto – problema – radio – domenica – sedia
b computer – medico – auto – amico – tema
c università – cinema – autobus – bar – schema
d regista – artista – farmacista – cameriera – giornalista

3. Jedes Wortpaar (Singular / Plural) enthält einen Fehler. Entdecken und korrigieren Sie ihn.

a	sport	sporti	
b	città	cittè	
c	amico	amichi	
d	problemo	problemi	
e	fota	foto	
f	turisto	turisti	
g	cuocho	cuochi	
h	critico	critichi	
i	parcho	parchi	
j	cinema	cineme	

4. Bilden Sie zehn Substantive aus den unten stehenden Wortfragmenten und setzen Sie sie in die Pluralform.

Singular	Plural
caffè	

3 Prima l'antipasto, poi la zuppa e poi …

Erst die Vorspeise, dann die Suppe und dann …

Bestimmte Artikel (il, lo, la, l', i, gli, le)

REGEL

Substantive werden normalerweise von bestimmten oder unbestimmten (→ Kap. 5) Artikeln begleitet.
Die bestimmten Artikel **il**, **lo**, **la**, **l'**, **i**, **gli**, **le** werden verwendet, um sich auf bekannte oder bereits erwähnte Dinge zu beziehen. Sie entsprechen den deutschen Artikeln *der, die, das.*
Die Formen der bestimmten Artikel richten sich nach dem Geschlecht und dem Anfangsbuchstaben des nachfolgenden Wortes.

Männlich	**Sing.**	**Plur.**		
vor Konsonant stehen	**il**	**i**	il **pollo** ➡ i polli il **letto** ➡ i letti	*das Huhn / die Hühner* *das Bett / die Betten*
vor Vokal stehen	**l'**	**gli**	l'**antipasto** ➡ gli antipasti l'**ombrello** ➡ gli ombrelli	*die Vorspeise / die Vorspeisen* *der Regenschirm / die Regenschirme*
vor s + Konsonant, z, ps, gn und y stehen	**lo**	**gli**	lo **studente** ➡ gli studenti lo **zio** ➡ gli zii lo **yogurt** ➡ gli yogurt	*der Student / die Studenten* *der Onkel / die Onkel* *der Joghurt / die Joghurts*

Weiblich	**Sing.**	**Plur.**		
vor Konsonant stehen	**la**	**le**	la **zuppa** ➡ le zuppe la **porta** ➡ le porte	*die Suppe / die Suppen* *die Tür / die Türen*
vor Vokal stehen	**l'**	**le**	l'**ora** ➡ le ore l'**amica** ➡ le amiche	*die Uhrzeit / die Uhrzeiten* *die Freundin / die Freundinnen*

1. Ordnen Sie die Wörter in die richtige Spalte ein.

macchina mobili specchio ascensore spettacoli uffici telefonate
aranciate orologio psicologo cappotto giacca mare biglietti

il	lo	la	l'	i	gli	le

2. Vervollständigen Sie folgendes Schema.

Singular	Plural
la sedia	___ sedie
___ yogurt	gli yogurt
___ aeroporto	gli aeroporti
il libro	___ libri

Singular	Plural
l'ospedale	___ ospedali
___ vaso	i vasi
___ auto	le auto
lo scandalo	___ scandali

3. Wählen Sie den richtigen Artikel.

a Mio padre legge sempre l' / il giornale dopo pranzo.
b Lo / Il sport mi piace moltissimo.
c Giorgio ama le / l'opera.
d Teresa fa sempre la / le spesa al mercato.
e Gli / I giovani vestono in modo sportivo.
f Ti piacciono lo / gli gnocchi al pesto?
g Veramente preferisco le / i lasagne.
h A Roberta non piacciono gli / i quadri di Picasso.

4. Verbinden Sie die linke mit der rechten Spalte, ergänzen Sie die Wörter mit dem dazu passenden Artikel und bilden Sie dann den Plural.

a Frau	1 ___ zaino / ______
b Bus	2 ___ isola / ______
c Prüfung	3 ___ stazione / ______
d Teller	4 ___ scherzo / ______
e Scherz	5 ___ record / ______
f Suppe	6 ___ esame / ______
g Insel	7 la donna / le donne
h Rucksack	8 ___ piatto / ______
i Bahnhof	9 ___ zuppa / ______
j Rekord	10 ___ autobus / ______

4 Signora Neri, Le presento la signora Bianchi.

Frau Neri, ich möchte Ihnen Frau Bianchi vorstellen.

Bestimmte Artikel: Gebrauch

REGEL Der bestimmte Artikel begleitet Substantive und wird verwendet, um sich auf bekannte oder bereits erwähnte Dinge zu beziehen. Im Gegensatz zum Deutschen wird der bestimmte Artikel im Italienischen auch in folgenden Fällen gebraucht:

- bei signore, signora, signorina, vor Titel- und Berufsbezeichnungen
  la signora Bianchi, il signor / dottor Vitale *Frau Bianchi, Herr Vitale / Herr Dr. Vitale*
  (Die Endung -re wird vor Eigennamen zu -r verkürzt.)

! Bei der direkten Anrede entfällt der bestimmte Artikel.
Signora Neri, Le presento la signora Bianchi. *Frau Neri, ich möchte Ihnen Frau Bianchi vorstellen.*
Professor Morino, ecco il dottor Manera! *Herr Professor Morino, hier ist Herr Doktor Manera!*

- bei Namen von Kontinenten, Ländern, Regionen und einigen großen Inseln
  l'Europa, l'Italia, la Toscana, la Sicilia *Europa, Italien, die Toskana, Sizilien*

! Der bestimmte Artikel entfällt meist bei der Präposition in (→ Kap. 17).
in Europa, in Italia *in / nach Europa, in / nach Italien*

- bei Sprachen und Sportarten
  Studio l'italiano. *Ich lerne Italienisch.*
  Mi piace il tennis. *Ich mag Tennis.*

! In Verbindung mit dem Verb giocare a entfällt der bestimmte Artikel.
Gioco a tennis. *Ich spiele Tennis.*

- bei der Uhrzeit;
  Sono le sette. *Es ist sieben Uhr.*

- bei Farben und Stoffnamen.
  il rosso, il cotone *Rot, Baumwolle*

! Nach der Präposition di (→ Kap. 18) entfällt bei Stoffnamen der bestimmte Artikel.
la camicia di cotone *das Baumwollhemd*

1. Mit oder ohne Artikel? In folgenden Sätzen haben sich fünf Fehler eingeschlichen. Suchen und korrigieren Sie sie.

a Il dottor Laurenzi, come sta? ______
b L'Umbria è una regione bellissima. ______
c Adoro calcio. ______
d Il mio colore preferito è verde. ______
e Vienna è la capitale dell'Austria. ______
f Il Carlo è un ragazzo simpatico. ______
g Mi piacciono i pantaloni di lino. ______
h Sardegna è un'isola splendida. ______

2. Setzen Sie, wo nötig, den bestimmten Artikel ein.

a ___ Claudia e ___ Rossella hanno 25 anni.
b Buonasera, ___ Signor Capozzi!
c Che ore sono? – Sono ___ cinque.
d ___ ingegner Colli è di Treviso.
e Amo ___ Francia.
f Mio cugino lavora in ___ Svizzera.
g Parli ___ inglese e ___ spagnolo. Bravo!
h Giochiamo a ___ ping-pong domani?
i Perché non ti piace ___ cotone?
j ___ ciclismo non mi interessa.

3. Übersetzen Sie die Wörter in Klammern mit oder ohne bestimmten Artikel.

a Secondo me *(Japanisch)* ______ è una lingua difficile.
b L'anno prossimo vado in *(Australien)* ______ .
c Che colore ti piace? – *(Weiß)* ______ .
d Mi voglio comprare una collana *(aus Silber)* ______ .
e Conosci *(Frau Rossi)* ______ ?
f *(Seide)* ______ è un tessuto molto pregiato.
g *(Herr Cinque)* ______ , buongiorno!
h *(Griechenland)* ______ ha moltissime isole.
i Non trovo la mia borsa *(aus Leder)* ______ .
j Sono *(sieben)* ______ e venti.

5 Una bottiglia di acqua minerale!

Eine Flasche Mineralwasser!

Unbestimmte Artikel (un, uno, una, un')

REGEL

Substantive werden normalerweise von bestimmten (→ Kap. 3) oder unbestimmten Artikeln begleitet.

Die unbestimmten Artikel un, uno, una, un' verwendet man, um sich auf Personen, Dinge und Sachverhalte zu beziehen, die nicht bekannt sind oder zum ersten Mal erwähnt werden. Sie entsprechen den deutschen Artikeln *ein*, *eine* und werden nur im Singular bei zählbaren Substantiven verwendet, im Plural werden sie ausgelassen (z. B. un bravo bambino – bravi bambini). Die Formen der unbestimmten Artikel richten sich nach dem Geschlecht und dem Anfangsbuchstaben des nachfolgenden Wortes.

männlich

vor Konsonant und Vokal steht

un	un momento	*ein Augenblick*
	un quadro	*ein Bild*
	un elefante	*ein Elefant*
	un appartamento	*eine Wohnung*

vor s + Konsonant, z, ps, gn, y steht

uno	uno spumante	*ein Sekt*
	uno zaino	*ein Rucksack*
	uno psicologo	*ein Psychologe*

weiblich

vor Konsonant steht

una	una bottiglia	*eine Flasche*
	una candela	*eine Kerze*

vor Vokal steht

un'	un'aranciata	*eine Orangenlimonade*
	un'insalata	*ein Salat*

1. Ordnen Sie die Wörter dem passenden Artikel zu.

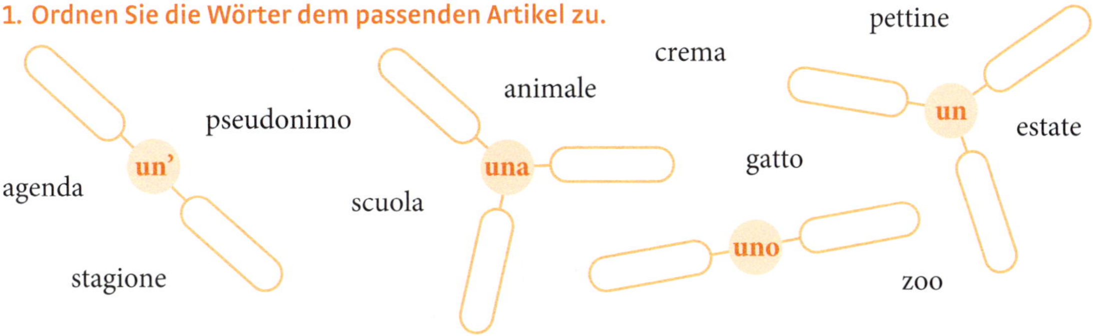

2. *Un* oder *un'*? Vervollständigen Sie.

_____ favore	_____ elicottero	_____ auto
_____ anno	_____ ora	_____ aereo
_____ ascensore	_____ orologio	_____ impermeabile
_____ italiana	_____ cane	_____ programma
_____ edicola	_____ idea	_____ offerta

3. Ergänzen Sie mit *un*, *uno*, *una* oder *un'*.

a C'è _____ banca qui vicino?
b Tina, porti _____ zaino troppo pesante!
c A Natale vado in vacanza in _____ isola tropicale.
d In Italia il calcio è _____ sport molto popolare.
e Vorrei _____ pizza margherita!
f Fabio e Paolo sono a Roma e cercano _____ albergo economico.
g Marco Mengoni è _____ cantante che amo molto.
h A Bologna c'è _____ università molto antica.
i Vi posso offrire _____ aperitivo?
j Vogliamo comprare _____ televisore nuovo.

4. Schreiben Sie unter jede Zeichnung die italienische Bezeichnung mit dem entsprechenden unbestimmten Artikel.

 _______________  _______________  _______________  _______________

 _______________  _______________  _______________  _______________

6 È così romantico!

Es ist so romantisch!

! In den folgenden Kapiteln ist vom Präsens die Rede. Es handelt sich dabei, wenn nicht anders erwähnt, um das Indikativ Präsens. Der Indikativ ist die Wirklichkeitsform und unterscheidet sich in Form und Gebrauch vom Konjunktiv, der Möglichkeitsform (→ Kap. 57–61).

Essere und avere (Präsens)

REGEL Wie im Deutschen üben essere *(sein)* und avere *(haben)* sowohl die Funktion von Vollverben aus – z. B. Ho un figlio. *(Ich habe einen Sohn.)* – als auch die Funktion von Hilfsverben – z. B. Ho comprato un regalo. *(Ich habe ein Geschenk gekauft.)*. (Zur Bildung des passato prossimo → Kap. 33). Die Bedeutung des Vollverbs deckt sich in vielen Fällen nicht mit der deutschen Entsprechung, z. B. Ho 20 anni. *(Ich bin 20.)*.
Die Formen von essere und avere sind unregelmäßig.

	essere		**avere**	
(io)	sono	*ich bin*	ho	*ich habe*
(tu)	sei	*du bist*	hai	*du hast*
(lui, lei, Lei)	è	*er, sie, es ist / Sie sind*	ha	*er, sie, es hat / Sie haben*
(noi)	siamo	*wir sind*	abbiamo	*wir haben*
(voi)	siete	*ihr seid / Sie sind*	avete	*ihr habt / Sie haben*
(loro)	sono	*sie sind*	hanno	*sie haben*

! Die Subjektpronomen (io, tu, lui, lei, Lei, noi, voi, loro) werden normalerweise weggelassen, außer man möchte etwas betonen (Lei è la signora Paolucci?).
Für die Höflichkeitsform (Sie) wird die 3. Person Singular Lei benutzt. Im Plural dagegen wird die Form voi gebraucht, selten auch loro.

È così romantico! *Es ist so romantisch!*
Lei è la signora Paolucci? *Sind Sie Frau Paolucci?*
Teresa e Fabio sono stanchi. *Teresa und Fabio sind müde.*
Di dove sei? *Woher bist du?*

Ho freddo. *Mir ist kalt.*
Tullio ha 30 anni. *Tullio ist 30.*
Avete fame? *Habt ihr / Haben Sie Hunger?*
Perché hai fretta? *Warum hast du es eilig?*

1. Wandeln Sie folgende Sätze um.

Abbiamo voglia di uscire. → *(io)* Ho voglia di uscire.

a Non hai la macchina? *(voi)* ________

b Gabi è di Stoccarda. Gabi e Jürgen ________

c Ho paura di guidare. *(noi)* ________

d Di dove siete? *(tu)* ________

e Sono a casa. *(noi)* ________

f Rosa e Clelia hanno fretta. Giuseppe ________

g Siamo alla stazione. *(io)* ________

2. Vervollständigen Sie mit der richtigen Verbform. Verbinden Sie danach die linke mit der rechten Spalte zu sinnvollen Sätzen.

a Io *(essere)* sono → 4

b Teresa *(avere)* ________

c Livio, perché *(essere)* ________

d Anna e Giorgio *(avere)* ________

e Oggi *(io / avere)* ________

f Noi *(avere)* ________

g Scusi, Lei *(essere)* ________

h I bambini *(essere)* ________

1 così triste?

2 due figli, e voi?

3 sposata?

4 di Brescia, e tu?

5 stanchi!

6 mal di testa, non lavoro.

7 un ragazzo spagnolo.

8 un lavoro interessante. Sono musicisti.

3. Setzen Sie die unten stehenden Verbformen an der richtigen Stelle ein.

ho hanno è sono sei avete siamo

a Di dove ________ , Paul?

b *(io)* ________ un appartamento a Berlino.

c Ragazzi, ________ sete?

d Tiziana ________ molto stanca.

e Io ________ francese, e tu?

f Roberto e Luigi ________ 25 anni.

g ________ veramente arrabbiati con te!

4. *Essere* oder *avere*? Ergänzen Sie.

a ________ tardi, vado a dormire.

b Mara e Vittorio ________ sposati da 10 anni.

c Andiamo in pizzeria? Io ________ fame.

d Voi ________ americani, vero?

e *(voi)* ________ proprio una bella casa!

f Cinzia, ________ sete?

g Noi ________ insegnanti, e voi?

h Quanti anni ________ i tuoi figli?

7 Oggi ci sono troppe persone in spiaggia.

Heute sind zu viele Leute am Strand.

Oggi ci sono troppe persone in spiaggia.

C'è und ci sono

REGEL C'è und ci sono entsprechen den deutschen Ausdrücken *es gibt, da ist / da sind.*
C'è wird bei einem Substantiv im Singular, ci sono bei einem Substantiv im Plural verwendet.

C'è una donna. *Es ist eine Frau da.*
Ci sono troppe persone. *Es sind zu viele Leute da.*
C'è un supermercato qui vicino? *Gibt es einen Supermarkt hier in der Nähe?*
A Roma ci sono tanti monumenti. *In Rom gibt es viele Denkmäler.*

! Wenn der Satz mit einer Ortsangabe beginnt, verwendet man c'è / ci sono.
Steht das Subjekt am Anfang des Satzes, wird è / sono verwendet.

Sul tavolo c'è una lampada. *Es gibt eine Lampe auf dem Tisch.*
La lampada è sul tavolo. *Die Lampe ist auf dem Tisch.*

A Firenze ci sono gli Uffizi. *In Florenz gibt es die Uffizien.*
Gli Uffizi sono a Firenze. *Die Uffizien sind in Florenz.*

1. Was gibt es im Wohnzimmer?

Nel salotto …

c'è una finestra

ci sono

2. Setzen Sie c'è oder ci sono ein.

a Scusi, ________ una banca qui vicino?
b Nel frigorifero ________ sei uova.
c In Italia ________ tante cose interessanti da vedere.
d Vittorio, nella tua stanza ________ un disordine terribile!
e Mi dispiace, ma non ________ camere libere.
f A Napoli ________ molti alberghi bellissimi con vista sul mare.
g Vicino a casa mia ________ un ristorante cinese.

3. Vervollständigen Sie die Sätze mit den unten stehenden Verben.

è sono c'è ci sono è c'è

a Nella mia città ________ un bar famosissimo.
b Vicino al cinema ________ due ristoranti tipici.
c Il latte ________ nel frigorifero.
d Nella piazza ________ una fontana.
e Le scarpe ________ nell'armadio.
f Il cappello ________ là sul mobile.

4. C'è / ci sono oder è / sono? Ergänzen Sie.

a La coperta ________ sul divano.
b Di fronte alla casa di Lucia ________ un negozio di prodotti biologici.
c Nel bagno non ________ gli asciugamani. Ma dove sono?
d In Italia ________ molte isole: le più grandi sono la Sicilia e la Sardegna.
e I libri ________ là sulla scrivania.
f In questa città ________ una chiesa del 1100.
g La macelleria ________ tra la farmacia e la tabaccheria.
h La biblioteca e il municipio ________ nella piazza principale della città.

8 Gigi vede il tennis sempre così.
Gigi schaut sich Tennis immer so an.

Präsens der regelmäßigen Verben (-are, -ere, -ire)

REGEL Die regelmäßigen Verben werden in drei Klassen mit unterschiedlichem Konjugationsmuster eingeteilt: Verben mit Infinitiv auf -are, auf -ere und auf -ire. Bei den Verben auf -ire gibt es eine weitere Unterscheidung: Verben mit und ohne Stammerweiterung auf -isc-.

	cucinare *kochen*	**vedere** *sehen*	**aprire** *öffnen*	**preferire** *bevorzugen*
(io)	cucino	vedo	apro	preferisco
(tu)	cucini	vedi	apri	preferisci
(lui, lei, Lei)	cucina	vede	apre	preferisce
(noi)	cuciniamo	vediamo	apriamo	preferiamo
(voi)	cucinate	vedete	aprite	preferite
(loro)	cucinano	vedono	aprono	preferiscono

Der Punkt unter der Verbform gibt die betonte Silbe an.

Wie preferire werden u. a. auch capire *(verstehen)*, finire *(beenden)*, pulire *(putzen)* konjugiert. Bei Verben auf -care / -gare wird zur Beibehaltung des ursprünglichen Lautes in der 2. Person Singular und in der 1. Person Plural ein h zwischen dem Verbstamm und der Endung eingefügt: giocare *(spielen)* ➡ (tu) gio**chi**, (noi) gio**chi**amo.

Das Präsens wird bei Handlungen und Zuständen der unmittelbaren Gegenwart gebraucht sowie bei Handlungen und Zuständen, die eine Gewohnheit ausdrücken oder sich auf eine nahe Zukunft beziehen.

I ragazzi ascoltano la radio. *Die Jugendlichen hören Radio.*
Gigi vede il tennis sempre così. *Gigi schaut sich Tennis immer so an.*
Domani andiamo a Roma. *Morgen fahren wir nach Rom.*

! Will man etwas verneinen, so stellt man das Wort non *(nicht)* vor das Verb (→ Kap. 27), nicht dahinter wie im Deutschen: Monica non cucina. *(Monica kocht nicht.)*

1. Tragen Sie die Verbformen in die zutreffende Spalte ein. Geben Sie auch an, um welche Person es sich handelt.

scrivono ridiamo giochiamo comprano capisce preferisci amo mettete partite chiudi

-are	-ere	-ire
io amo		

2. Vervollständigen Sie mit den unten stehenden Verben.

finisce leggo lavorate dormono parlano vedi preferisco suona

a La sera ________ sempre il giornale.
b Mio marito ________ la chitarra.
c La lezione ________ alle 12.30.
d Non *(voi)* ________ il sabato, vero?
e La domenica i miei figli ________ fino a mezzogiorno.
f Quando ________ la TV?
g Tim e Sam ________ benissimo l'italiano.
h ________ cenare presto.

3. Ergänzen Sie mit der passenden Verbform.

a *(io / cantare)* ________ sempre sotto la doccia.
b Non *(noi / ascoltare)* ________ mai la musica classica. È così noiosa!
c Domani Antonio *(partire)* ________ per le vacanze.
d In genere i negozi *(chiudere)* ________ alle 19.00.
e Quando *(cominciare)* ________ il corso d'inglese?
f Ah, *(voi / vivere)* ________ in Olanda! E come mai?
g *(Lei / preferire)* ________ un Martini o uno spumante?
h Io ho caldo: *(io / aprire)* ________ la finestra!
i Di solito *(noi / finire)* ________ di lavorare alle 17.00.
j Per andare in ufficio Roberto *(prendere)* ________ la metropolitana.

4. Beantworten Sie folgende Fragen, indem Sie die passende Verbform ergänzen.

a Che vino preferisci? – ________ il vino rosso.
b Quando tornate? – ________ domani sera.
c Cosa mangiano i bambini oggi? – ________ uova e verdura.
d E Lei dove vive? – ________ a Berna.
e Perché chiudete la finestra? – ________ la finestra perché piove!
f Dottor Frizzi, quando parte? – ________ stasera.

9 Possiamo giocare a poker!
Wir könnten Poker spielen!

Modalverben volere, dovere, potere und sapere (Präsens)

REGEL Neben ihrer Funktion als Vollverben werden volere, dovere, potere auch als Modalverben gebraucht. Sie begleiten dann ein Verb im Infinitiv und präzisieren die Art und Weise der jeweiligen Handlung. Volere drückt einen Wunsch / eine Absicht aus, dovere eine Notwendigkeit, potere eine Möglichkeit / eine Erlaubnis. Die Modalverben haben unregelmäßige Formen.

Vogliono mangiare la torta. *Sie möchten den Kuchen essen.*
Devo studiare tanto per l'esame. *Ich muss viel für die Prüfung lernen.*
Possiamo giocare a poker. *Wir könnten* (wörtlich: *können*) *Poker spielen.*

Das Verb sapere bedeutet je nach Kontext *wissen* oder *können*. In der Bedeutung von *können* verhält sich sapere wie ein Modalverb, das heißt, es folgt ihm ein Verb im Infinitiv.

Mio padre sa tutto. *Mein Vater weiß alles.*
Non so giocare a poker. *Ich kann nicht Poker spielen.*

! Potere drückt eine Möglichkeit / eine Erlaubnis aus, sapere eine Fähigkeit.

Posso suonare il pianoforte. *Ich kann Klavier spielen. (Es ist möglich. / Es ist mir erlaubt.)*
So suonare il pianoforte. *Ich kann Klavier spielen. (Ich bin dazu fähig.)*

	volere *wollen*	**dovere** *müssen, sollen*	**potere** *können, mögen*	**sapere** *wissen, können*
(io)	vọglio	dẹvo	pọsso	sọ
(tu)	vuọi	dẹvi	puọi	sại
(lui, lei, Lei)	vuọle	dẹve	puọ̀	sạ
(noi)	vogliạmo	dobbiạmo	possiạmo	sappiạmo
(voi)	volẹte	dovẹte	potẹte	sapẹte
(loro)	vọgliono	dẹvono	pọssono	sạnno

Modalverben *volere, dovere, potere* und *sapere* (Präsens)

1. Bringen Sie die Wörter in die richtige Reihenfolge.

a vedere / il / possiamo / di Guadagnino / film ______________________________ !
b devo / Marco / invitare ______________________________ .
c a teatro / venire / vuole / ~~domani~~ / signora ____________ , ______________ domani?
d chitarra / suonare / la / sapete ______________________________ ?
e l' / perché / vuoi / italiano / imparare ______________________________ ?
f ~~Gigi~~ / fare / e / Franco / devono / un esame Gigi ____________________________ .

2. Vervollständigen Sie den Dialog mit den passenden Verbformen.

▲ Pronto!
● Ciao Giulia, sono Mirella.
▲ Mirella, che sorpresa!
● Senti, domani *(io / dovere)* ______________ andare in centro per delle compere. *(volere)* ______________ venire anche tu? *(noi / potere)* ______________ fare una passeggiata!
▲ Mmm, non lo *(io / sapere)* ______________ ... Domani mattina io e Giorgio *(dovere)* ______________ andare dall'avvocato. Forse dopo ...
● Sì, va bene. E dove *(noi / volere)* ______________ incontrarci?
▲ Davanti al cinema Astra ...

3. Ergänzen Sie mit potere, dovere oder volere.

a Mi dispiace, non ______________ giocare a calcio. Domani ho un esame.
b Aurelio non ______________ fumare perché ha la bronchite.
c Se hai mal di denti, ______________ andare subito dal dentista.
d Ragazzi, *(noi)* ______________ andare in discoteca sabato sera?
e Quando vai al supermercato ______________ comprare anche lo shampoo, per piacere?
f *(voi)* ______________ venire al concerto dei Måneskin? Ho tre biglietti gratis.
g Stasera ho ospiti a cena. ______________ fare ancora la spesa, cucinare e mettere in ordine la casa!
h Piero ______________ comprare un appartamento al mare.
i Se lavorate per una ditta americana, ______________ imparare l'inglese!
j La prossima estate *(io)* ______________ frequentare un corso di francese a Parigi.

4. Potere oder sapere? Ergänzen Sie.

a Che caldo! *(io)* ______________ aprire la finestra?
b *(tu)* ______________ sciare?
c Scusi, *(Lei)* ______________ se c'è una farmacia da queste parti?
d Ragazzi, *(voi)* ______________ andare allo stadio, solo se prima finite tutti i compiti.
e Non abbiamo l'auto perché non ______________ guidare.
f *(loro)* Non ______________ mangiare dolci perché sono a dieta.

10 Vieni domani?

Kommst du morgen?

Unregelmäßige Verben (Präsens)

REGEL

Viele italienische Verben sind unregelmäßig. Hier sind einige der wichtigsten Verben mit unregelmäßigem Präsens aufgelistet (vgl. auch → Anhang).

	andare *gehen*	**bere** *trinken*	**dare** *geben*	**dire** *sagen*
(io)	vạdo	bẹvo	dọ	dịco
(tu)	vại	bẹvi	dại	dịci
(lui, lei, Lei)	vạ	bẹve	dà	dịce
(noi)	andiạmo	beviạmo	diạmo	diciạmo
(voi)	andạte	bevẹte	dạte	dịte
(loro)	vạnno	bẹvono	dạnno	dịcono

	fare *machen, tun*	**rimanere** *bleiben*	**riuscire** *gelingen*	**scegliere** *wählen*
(io)	fạccio	rimạngo	riẹsco	scẹlgo
(tu)	fại	rimạni	riẹsci	scẹgli
(lui, lei, Lei)	fạ	rimạne	riẹsce	scẹglie
(noi)	facciạmo	rimaniạmo	riusciạmo	scegliạmo
(voi)	fạte	rimanẹte	riuscịte	scegliẹte
(loro)	fạnno	rimạngono	riẹscono	scẹlgono

	sedere *sitzen*	**stare** *bleiben*	**uscire** *ausgehen*	**venire** *kommen*
(io)	siẹdo	stọ	ẹsco	vẹngo
(tu)	siẹdi	stại	ẹsci	viẹni
(lui, lei, Lei)	siẹde	stạ	ẹsce	viẹne
(noi)	sediạmo	stiạmo	usciạmo	veniạmo
(voi)	sedẹte	stạte	uscịte	venịte
(loro)	siẹdono	stạnno	ẹscono	vẹngono

1. Ordnen Sie die Verben in die richtige Spalte ein.

esci · viene · riesco · vengo · dite · scegliamo · sto · sali · bevete · dici · vanno · rimangono · dà · siedono · diamo · va

io	tu	lui / lei / Lei	noi	voi	loro

2. Ergänzen Sie mit der passenden Verbform und verbinden Sie die Dialogteile.

a Ciao, Maria. Come *(stare)* ____________ ?
b Domani *(noi / andare)* ____________ al mare.
c Quando *(venire)* ________ i tuoi genitori?
d Cosa *(voi / fare)* ____________ sabato?
e Dottor Schettino, *(bere)* ____________ un cognac?
f Papà, mi *(dare)* ____ la macchina stasera?

1 Ah, bello! *(venire)* ____________ anche noi!
2 *(noi / uscire)* ____________ con alcuni amici . . .
3 No. Stasera tu non *(uscire)* ____________ !
4 Io *(stare)* ____________ bene, grazie. E tu?
5 Domani e *(loro / rimanere)* ____________ tre giorni.
6 No, grazie, io non *(bere)* ________ alcolici.

3. Wandeln Sie die Sätze um.

a La mattina Caterina esce alle 7.00. → La mattina Caterina e Danilo ____________ .
b Riuscite a tornare in orario oggi? → *(tu)* ____________ ?
c Quando vieni a trovarmi? → Quando *(voi)* ____________ ?
d Scusate, sedete voi qui? → Scusi, ____________ Lei qui?
e Facciamo una passeggiata in centro. → *(io)* ____________ .
f Allora rimanete a cena? → Allora *(tu)* ____________ ?

4. Verwenden Sie das passende Verb in der richtigen Form.

uscire · andare · stare · dire · dare · bere · rimanere

a A Natale *(io)* ____________ una settimana sulle Dolomiti.
b Se non studi, *(noi)* non ti ____________ i soldi per le vacanze!
c Chiara, come ____________ i tuoi nonni?
d Ma perché *(tu)* ____________ sempre le stesse cose?
e Sabato prossimo Wanda e Tania ____________ con due ragazzi spagnoli.
f Allora, che *(voi)* ____________ ? Un tè o un caffè?
g Mi dispiace, stasera non posso, ____________ in ufficio fino a tardi.

11 Si chiamano Luca e Giovanna.
Sie heißen Luca und Giovanna.

* Engelchen

Präsens der reflexiven und reziproken Verben (-arsi, -ersi, -irsi)

REGEL Reflexive Verben drücken eine Handlung aus, die sich ausschließlich auf das Subjekt bezieht, z. B. lavarsi *(sich waschen)*.
Reziproke Verben dagegen drücken eine wechselseitige Handlung zwischen zwei oder mehreren Personen aus, z. B. incontrarsi *(sich treffen)*.
Reflexive und reziproke Verben werden im Präsens entsprechend den drei regelmäßigen Konjugationen (-are, -ere, -ire) gebildet. Vorangestellt wird das jeweilige Reflexivpronomen (mi, ti, si, ci, vi, si), das im Gegensatz zu den Subjektpronomen nie weggelassen werden kann.

	-are + si ➡ -arsi	-ere + si ➡ -ersi	-ire + si ➡ -irsi
	lavarsi *sich waschen*	**nascondersi** *sich verstecken*	**vestirsi** *sich anziehen*
(io)	mi lạvo	mi nascọndo	mi vẹsto
(tu)	ti lạvi	ti nascọndi	ti vẹsti
(lui, lei, Lei)	si lạva	si nascọnde	si vẹste
(noi)	ci laviạmo	ci nascondiạmo	ci vestiạmo
(voi)	vi lavạte	vi nascondẹte	vi vestịte
(loro)	si lạvano	si nascọndono	si vẹstono

Auch bei unregelmäßigen Verben stehen die Reflexivpronomen vor den unregelmäßigen Formen des Verbs, z. B. sedersi *(sich hinsetzen)* ➡ mi siedo, ti siedi, si siede usw.

Wird ein reflexives Verb im Infinitiv gebraucht, so können die Reflexivpronomen vor dem konjugierten Verb stehen oder an die Infinitivform angehängt werden.

Luisa si vuole preparare bene per l'esame.
Luisa vuole prepararsi bene per l'esame. } *Luisa möchte sich für die Prüfung gut vorbereiten.*

! Einige Verben, die im Deutschen nicht reflexiv sind, werden im Italienischen als Reflexivverben gebraucht, z. B. addormentarsi *(einschlafen)*, alzarsi *(aufstehen)*, chiamarsi *(heißen)*, svegliarsi *(aufwachen)*.

Si chiamano Luca e Giovanna. *Sie heißen Luca und Giovanna.*

1. Ordnen Sie die angegebenen Verbformen den entsprechenden Infinitivendungen zu.

mi pettino – si veste – ci sposiamo – si taglia – si sentono – vi divertite – ci conosciamo – ti addormenti – mi siedo

-arsi	-ersi	-irsi
______	______	______
______	______	______
______		______
______		

2. Ergänzen Sie folgende E-Mail.

Ciao, Fabio! Come stai?
Sono qui a Bologna già da un mese e vado all'università tutti i giorni! *(alzarsi)* ______ alle 6.30 – che fatica! –, *(farsi)* ______ la doccia, *(vestirsi)* ______, bevo velocemente un caffè ed esco. Seguo i corsi fino all'una. A volte vado a pranzo alla mensa, a volte torno a casa.
Mangio qualcosa, poi *(riposarsi)* ______ un'ora. Il pomeriggio di solito studio. La sera *(incontrarsi)* ______ con degli amici. Che pazzi!! Insieme *(noi / divertirsi)* ______ un sacco! Quando torno a casa, sono stanco morto e *(addormentarsi)* ______ subito.
E tu che fai? *(tu / iscriversi)* ______ all'università, sì o no? Aspetto tue notizie.
Oscar

3. Verwenden Sie das passende Verb in der richtigen Form.

sposarsi mettersi chiamarsi alzarsi impegnarsi sentirsi conoscersi

a Se *(tu)* ______, superi l'esame senza problemi.
b Lo sai che l'anno prossimo *(io)* ______ ? – Auguri!
c Allora signor Carrara, ______ meglio oggi?
d Per il matrimonio di Vittorio *(io)* ______ il vestito blu, sei d'accordo?
e Pina e io ______ dagli anni del liceo.
f E tu come ______ ? – Livio.
g A che ora *(voi)* ______ la domenica? – Mai prima delle dieci!

4. Wandeln Sie die Sätze um. Folgen Sie dem Beispiel.

Domani mi devo svegliare presto. → *Domani devo svegliarmi presto.*
a Non ti vuoi riposare un po'? → ______
b Roberto non si sa fare nemmeno un caffè! → ______
c Potete sedervi qui se volete. → ______
d È tardi! Dobbiamo sbrigarci. → ______
e Mi comincio ad annoiare a questa festa. → ______
f I tuoi amici non si sanno vestire! → ______

12 Si devono solo fare alcuni lavoretti!

Man muss nur ein paar kleine Reparaturen durchführen!

* Gutes Geschäft

Die si-Konstruktion

REGEL Die si-Konstruktion drückt eine allgemeine, nicht an eine bestimmte Person gebundene Handlung aus. Das Verb steht dabei in der 3. Person Singular. Si entspricht dem deutschen *man*.

Quando fa caldo si beve di più. *Wenn es heiß ist, trinkt man mehr.*

Nei locali pubblici non si fuma. *In öffentlichen Gebäuden raucht man nicht.*

Wenn aber ein direktes Objekt dem Verb folgt, richtet sich das Verb nach dem Objekt. Ist das Objekt im Singular, steht das Verb in der 3. Person Singular. Ist das Objekt im Plural, steht das Verb in der 3. Person Plural.

Si vende la casa. *Das Haus ist zu verkaufen.*

In Italia si mangia molto la pasta. *In Italien isst man viel Nudeln.*

Si devono solo fare alcuni lavoretti. *Man muss nur ein paar kleine Reparaturen durchführen.*

In Olanda si coltivano i tulipani. *In Holland werden Tulpen gezüchtet.*

! Bei reflexiven / reziproken Verben verwendet man zur Vermeidung der Wiederholung von si die Konstruktion ci si + Verb .

Ci si incontra a piazza Navona. *Man trifft sich auf der Piazza Navona.*

1. Verbinden Sie die linke mit der rechten Spalte.

a In biblioteca ... → 3
b Dal fruttivendolo ...
c Sulla neve ...
d Nei boschi ...
e La notte di Natale ...

1 si va a sciare.
2 si raccolgono i funghi.
3 si leggono i libri.
4 si comprano le mele.
5 ci si scambiano i regali.

2. Vervollständigen Sie die Sätze mit der si-Konstruktion.

a Con il pesce *(bere)* ________ il vino bianco.
b Quando fa freddo *(mettersi)* ________ il cappotto.
c La domenica *(andare)* ________ a messa.
d In panetteria *(vendere)* ________ i panini.
e Ai bambini *(raccontare)* ________ le favole.
f A scuola non *(dormire)* ________!
g In palestra *(fare)* ________ sport.
h A Carnevale *(organizzare)* ________ balli in maschera.

3. Wandeln Sie die Sätze um. Folgen Sie dem Beispiel.

In Italia in genere tutti mangiano la pasta. → *In Italia si mangia la pasta.*

a Alle scuole elementari tutti imparano a leggere e scrivere.
____
b A San Silvestro le persone festeggiano l'arrivo dell'anno nuovo.
____
c Al casinò le persone scommettono, vincono o perdono.
____
d In Turchia in genere nessuno mangia carne di maiale.
In Turchia non ________
e In Italia in estate le persone vanno in montagna o al mare.
____
f Dal giornalaio la gente compra riviste e giornali.
____

4. Vervollständigen Sie die Sätze mit den unten stehenden Angaben und verwenden Sie dabei die si-Konstruktion.

sposarsi in abito bianco | esibire gli animali feroci | comprare la carne | ballare fino al mattino

In chiesa ________
Al circo ________
In macelleria ________
In discoteca ________

Wählen Sie die richtige Form.

Substantive

1. libro – libr...
   a) -i
   b) -e

2. piant... – piante
   a) -o
   b) -a

3. fiore – fior...
   a) -i
   b) -e

4. possibilità – possibilit...
   a) -è
   b) -à

5. panorama – panoram...
   a) -i
   b) -e

6. clinica – clini...
   a) -che
   b) -ce

Artikel

7. ... spettacoli
   a) gli
   b) i

8. ... storie
   a) il
   b) le

9. ... acqua
   a) l'
   b) la

10. ... dottor Lanza, come va?
    a) Il
    b) —

11. ... Toscana è una regione molto famosa.
    a) —
    b) La

12. ... auto
    a) un'
    b) un

13. ... telefono
    a) un
    b) uno

Präsens

14. Scusi, Lei ... italiano?
    a) è
    b) sono

15. Paola ... 27 anni.
    a) è
    b) ha

16. Nella nostra scuola non ... studenti stranieri.
    a) c'è
    b) ci sono

17. Il cappello ... sulla sedia.
    a) c'è
    b) è

18. La domenica Sergio ... fino a tardi.
    a) dorme
    b) dormi

19. Antonio e Camilla ... medicina.
    a) studiano
    b) studiamo

20. Perché (voi) ... in campagna?
    a) viviamo
    b) vivete

21. Se hai la febbre, ... chiamare il medico.
    a) vuoi
    b) devi

22. Matteo ... suonare il violino. – Davvero?
    a) può
    b) sa

23. (noi) … andare a ballare!
   a) Possiamo
   b) Possono

24. … alla festa di Lucia sabato?
   a) Vieni
   b) Esci

25. Stasera (noi) … una passeggiata in centro.
   a) fanno
   b) facciamo

26. Io … bene, e tu?
   a) sto
   b) sta

27. Dopo pranzo … riposo sempre.
   a) mi
   b) si

28. Mario e Alberto … da dieci anni.
   a) si conoscono
   b) conoscono

si-Konstruktion

29. Dal parrucchiere … i capelli.
   a) si taglia
   b) si tagliano

30. Con il vagone letto … comodamente.
   a) si viaggia
   b) si viaggiano

Lust auf noch mehr Tests?

Dann ab ins Netz und weitermachen:
https://go.hueber.de/power-grammatik/italienisch

Vergleichen Sie nun Ihre Lösungen mit dem Schlüssel auf S. 150. Wenn Sie Aufgaben nicht richtig gelöst haben, wiederholen Sie noch einmal das betreffende Kapitel. Diese Tabelle zeigt Ihnen, auf welches Kapitel sich die einzelnen Aufgaben beziehen.

Aufgabe	Kapitel	Aufgabe	Kapitel	Aufgabe	Kapitel	Aufgabe	Kapitel	Aufgabe	Kapitel
1	1	7	3	13	5	19	8	25	10
2	1	8	3	14	6	20	8	26	10
3	1	9	3	15	6	21	9	27	11
4	2	10	4	16	7	22	9	28	11
5	2	11	4	17	7	23	9	29	12
6	2	12	5	18	8	24	10	30	12

13 Il gelato italiano è speciale.

Das italienische Eis ist etwas Besonderes.

Adjektive

REGEL Die Adjektive richten sich in Geschlecht und Zahl nach den Substantiven, auf die sie sich beziehen. Sie stehen in der Regel hinter den Substantiven.
il gelato italiano *das italienische Eis*

Es gibt zwei Gruppen von Adjektiven:

Die Adjektive der Gruppe -o/-a haben im Singular die Endung -o für die männliche Form und -a für die weibliche. Im Plural enden sie auf -i bzw. -e.
il gelato italiano ➡ i gelati italiani *das italienische Eis* (im Deutschen kein Plural)
la pizza italiana ➡ le pizze italiane *die italienische Pizza / die italienischen Pizzen*

Die Adjektive der Gruppe -e haben im Singular die Endung -e und im Plural die Endung -i für beide Geschlechter.
il bambino speciale ➡ i bambini speciali *das besondere Kind / die besonderen Kinder*
la donna speciale ➡ le donne speciali *die besondere Frau / die besonderen Frauen*

	Singular		Plural
Gruppe -o/-a	-o (m) -a (w)	➡ ➡	-i (m) -e (w)
Gruppe -e	-e (m/w)	➡	-i (m/w)

! Wenn das Adjektiv nach dem Verb essere vorkommt, wird es im Gegensatz zum Deutschen dem Substantiv angepasst.
Il ragazzo è alto. ➡ I ragazzi sono alti. *Der Junge ist groß. / Die Jungen sind groß.*
La ragazza è alta. ➡ Le ragazze sono alte. *Das Mädchen ist groß. / Die Mädchen sind groß.*

1. Suchen Sie das passende Adjektiv.

a L'aereo è un mezzo di trasporto ...
b La boxe è uno sport ...
c Carmen compra spesso vestiti ...
d Nella mia classe ci sono due studenti ...
e Amo le città ...
f La ragazza di Giorgio è ...
g Bevo sempre bevande ...
h Il Colosseo è un monumento ...

1 carina.
2 stranieri.
3 violento.
4 famoso.
5 dolci.
6 veloce.
7 svizzere.
8 costosi.

2. Vervollständigen Sie folgendes Schema.

Singular	Plural
la signora elegante	le signore ________
l'amico sincero	gli amici ________
la ragazza bionda	le ragazze ________
il film ________	i film interessanti
l'appartamento grande	gli appartamenti ________
la gonna ________	le gonne rosse
il tè ________	i tè caldi
la cravatta ________	le cravatte verdi

3. Wandeln Sie die Satzaussagen ins Gegenteil um. Folgen Sie dem Beispiel.

L'ufficio è aperto. → *L'ufficio è chiuso.*
a Il treno è veloce. ________
b I maglioni sono grandi. ________
c I caffè sono amari. ________
d La casa è economica. ________
e La signora è giovane. ________
f I ragazzi sono alti. ________
g Le gonne sono vecchie. ________

4. Ergänzen Sie die Adjektive mit der richtigen Endung.

a A Milano e a Roma gli affitti sono car__ .
b Scusi, mi può aiutare? Cerco una poltrona comod__ ed economic__ .
c Il ragazzo di Tonia è simpatic__ e pure carin__ !
d Vivo a Napoli in una zona central__ .
e Ti piacciono le canzoni italian__ ?
f Mara indossa sempre vestiti elegant__ .
g Oggi Silvio porta una camicia ross__ .
h Stasera cucino un piatto cines__ .

14 Che bel quadro!

Was für ein schönes Bild!

Bello und buono

REGEL In der Regel stehen Adjektive nach dem Substantiv (→ Kap. 13).
Die Adjektive bello und buono werden stattdessen häufig vor dem Substantiv gebraucht und ändern dabei ihre Form.

Bello wird nach dem Muster des bestimmten Artikels gebildet.

il quadro ➡ bel quadro	i quadri ➡ bei quadri	*schönes Bild / schöne Bilder*
l'albero ➡ bell'albero	gli alberi ➡ begli alberi	*schöner Baum / schöne Bäume*
lo studio ➡ bello studio	gli studi ➡ begli studi	*schönes Arbeitszimmer / schöne Arbeitszimmer*
la giacca ➡ bella giacca	le giacche ➡ belle giacche	*schöne Jacke / schöne Jacken*
l'idea ➡ bell'idea	le idee ➡ belle idee	*schöne Idee / schöne Ideen*

Buono wird im Singular nach dem Muster des unbestimmten Artikels gebildet, im Plural gilt das regelmäßige Bildungsschema der Adjektive der -o/-a Gruppe (Endungen: -i, -e).

un libro ➡ buon libro	buoni libri	*gutes Buch / gute Bücher*
un amico ➡ buon amico	buoni amici	*guter Freund / gute Freunde*
uno spumante ➡ buono spumante	buoni spumanti	*guter Sekt / gute Sektsorten*
una pizza ➡ buona pizza	buone pizze	*gute Pizza / gute Pizzen*
un'amica ➡ buon'amica	buone amiche	*gute Freundin / gute Freundinnen*

! Stehen bello und buono nach dem Substantiv (oft auch in Verbindung mit essere), verhalten sie sich wie Adjektive (→ Kap 13) mit den regelmäßigen Endungen -o, -a, -i, -e.

Il quadro è bello.	I quadri sono belli.	*Das Bild ist schön. / Die Bilder sind schön.*
L'idea è bella.	Le idee sono belle.	*Die Idee ist schön. / Die Ideen sind schön.*
Il caffè è buono.	I caffè sono buoni.	*Der Kaffee ist gut. / Die Kaffees sind gut.*
La pizza è buona.	Le pizze sono buone.	*Die Pizza ist gut. / Die Pizzen sind gut.*

1. Verbinden Sie die linke mit der rechten Spalte zu sinnvollen Sätzen.

a	Paola è una buon' →	1	tempo.
b	Oggi fa bel	2	partita a carte?
c	Che bello	3	orologio!
d	Hai due bei	4	amica.
e	Gina e Claudia sono buone	5	lavoro.
f	Facciamo una bella	6	spettacolo!
g	Sì, sono contento, ho un buon	7	gatti!
h	Ehi Mario, hai un bell'	8	amiche.

2. Wandeln Sie die Ausdrücke um, indem Sie den Plural oder den Singular bilden. Folgen Sie dem Beispiel.

	un bello scherzo	*tanti begli scherzi*
a	molti begli animali	un ______
b	una bella storia	tante ______
c	tanti buoni consigli	un ______
d	un buon aperitivo	due ______
e	una bell'auto	due ______
f	tanti bei bambini	un ______
g	un buono studente	due ______

3. Vervollständigen Sie mit den Formen von bello.

a Che ______ festa! Grazie per l'invito.
b I tuoi stivali sono proprio ______ .
c In giardino ho due ______ alberi.
d Che ______ uomo! Sai come si chiama?
e Silvia ha tre ______ bambini.
f Lo zaino di Fabio è ______ , vero?
g Che ______ attrice! È italiana?
h Il signor Graziano ha un ______ cane, ma non ha il pedigree!

4. Vervollständigen Sie mit den Formen von buono.

a Ho una ______ ricetta per la zuppa di zucchine, la vuoi?
b ______ compleanno, Danilo! Quanti anni compi?
c Questo arrosto è proprio ______ . Complimenti!
d Sì, è una ______ idea! Andiamo al cinema.
e In questo ristorante i primi piatti sono veramente ______ .
f Stasera vengono a cena Lia e Tina, due ______ amiche di mio figlio.

Adverbien: Bildung und eigene Formen

REGEL Adverbien sind im Italienischen unveränderlich. Anders als im Deutschen unterscheiden sie sich in der Form von den Adjektiven: buono *(gut)* – bene *(gut)*. Sie dienen zur näheren Bestimmung eines Verbs, eines Adjektivs, eines ganzen Satzes oder eines anderen Adverbs (→ Kap. 16).

Es gibt zwei Gruppen von Adverbien mit jeweils unterschiedlicher Formenbildung:

I. Gruppe: Die Adverbien auf **-mente** werden von Adjektiven abgeleitet und nach folgendem Muster gebildet:

- Bei Adjektiven auf -o/-a werden Adverbien von der weiblichen Form auf -a abgeleitet.
  chiaro ➡ chiara ➡ chiar**amente** *klar*
  lento ➡ lenta ➡ lent**amente** *langsam*

! Es gibt einige Sonderformen wie bene *(gut)* und male *(schlecht)*. Sie werden inhaltlich zwar von den Adjektiven buono *(gut)* bzw. cattivo *(schlecht)* abgeleitet, besitzen aber eine eigene Form (vgl. II. Gruppe der Adverbien).

- Bei Adjektiven auf -e wird -mente direkt angehängt.
  urgente ➡ urgent**emente** *dringend*
  felice ➡ felic**emente** *glücklich*

- Endet ein Adjektiv auf -le oder -re, entfällt der Endvokal -e bei der Bildung des Adverbs.
  finale ➡ final**mente** *endlich*
  regolare ➡ regolar**mente** *regelmäßig*

II. Gruppe: Adverbien, die eine eigene Form besitzen und von keinem anderen Wort abgeleitet werden.
Beispiele sind: ieri *(gestern)*, oggi *(heute)*, di solito *(gewöhnlich)*, ancora *(noch)*, presto *(früh)*, forse *(vielleicht)*, troppo *(zu viel)*, volentieri *(gerne)* etc.

1. Entscheiden Sie, ob folgende Adverbien von Adjektiven mit Endung auf -o/-a oder auf -e abgeleitet werden, oder ob sie eine eigene Form haben. Tragen Sie sie in das passende Feld ein.

adesso direttamente poco tardi tranquillamente debolmente abbastanza elegantemente silenziosamente dolcemente

-o/-a	-e	eigene Formen

2. Vervollständigen Sie folgendes Schema.

Adjektive	Adverbien
improvviso	______
______	rumorosamente
______	specialmente
regolare	______
breve	______
generale	______

3. Im Kasten sind waagerecht und senkrecht zehn Adverbien versteckt. Suchen Sie sie und schreiben Sie die deutsche Entsprechung auf.

S	O	T	T	O	M	A	P
P	L	O	N	T	A	N	O
E	À	B	R	E	I	C	C
S	E	M	P	R	E	O	O
S	A	D	E	N	T	R	O
O	G	G	I	L	I	A	N

______ ______
______ ______
______ ______
______ ______
______ ______

4. Suchen Sie das Gegenteil. Verbinden Sie die linke mit der rechten Spalte.

a sempre → 4	1 raramente
b poco	2 tristemente
c felicemente	3 malvolentieri
d spesso	4 mai
e volentieri	5 molto
f vicino	6 lontano

16 A mio padre piace vivere pericolosamente.

Mein Vater lebt gern gefährlich.

Adjektiv oder Adverb?

REGEL Adverbien können sich auf ein Verb, ein Adjektiv, einen ganzen Satz oder ein anderes Adverb beziehen. Adjektive hingegen beziehen sich auf Substantive.

A mio padre piace vivere pericolosamente. (Adverb: pericolosamente)
Mein Vater lebt gern gefährlich. (wörtlich: *Mein Vater mag gefährlich leben.*)

Mio fratello non ama gli sport pericolosi. (Adjektiv: pericolosi) *Mein Bruder mag keine gefährlichen Sportarten.*

Ho un buon lavoro e una bella famiglia: sono molto felice. (Adv.: molto)
Ich habe eine gute Arbeit und eine tolle Familie: Ich bin sehr glücklich.

Ho un buon lavoro e una bella famiglia: ho molti motivi per essere felice. (Adj.: molti)
Ich habe eine gute Arbeit und eine tolle Familie: Ich habe viele Gründe, um glücklich zu sein.

Buono oder bene?

In Italia si mangia bene. (Adv.: bene) *In Italien isst man gut.*

La pasta è buona. (Adj.: buona) *Die Nudeln sind gut.*

Il caffè è buono, ma non fa bene allo stomaco. (Adj.: buono; Adv.: bene)
Der Kaffee schmeckt gut, ist aber nicht gut für den Magen.

1. Verbinden Sie die linke mit der rechten Spalte zu sinnvollen Sätzen.

a Questo gelato è ... → 5
b Oggi non mi sento ...
c C'è una banca ...
d I ragazzi devono alzarsi ...
e Mariella è veramente ...
f Cortesemente ...
g Vinco spesso al lotto: sono ...

1 presto domani.
2 mi sa dire che ora è?
3 tanto bene.
4 proprio fortunato!
5 molto buono!
6 qui vicino?
7 una persona speciale!

2. Vervollständigen Sie die Sätze mit den unten stehenden Wörtern und kreuzen Sie an, ob die angegebenen Wörter Adjektive oder Adverbien sind.

sempre belli volentieri molta inutile molto lontane

	Adjektiv	Adverb
a Se non piove l'ombrello è ________ .	☐	☐
b Quando il tempo è bello faccio ________ una passeggiata.	☐	☐
c Durante la settimana mi alzo ________ alle 7.00.	☐	☐
d All'Oktoberfest si beve ________ birra.	☐	☐
e I pantaloni che porti sono veramente ________ !	☐	☐
f I cow-boy usano cappelli ________ larghi.	☐	☐
g Purtroppo le vacanze estive sono ancora ________ !	☐	☐

3. Adjektiv oder Adverb? Fügen Sie die richtige Endung an.

a Eliana ha un lavoro particolar________ .
b Lucio parla perfett________ l'inglese e il francese.
c Stasera resto comod________ a guardare la TV.
d I signori Orsi vivono in una zona tranquill________ .
e Andiamo rar________ al cinema il fine settimana.
f Questo romanzo è ver________ interessante.
g Ehi Giuliana, sei proprio elegant________ oggi!
h Il babà e la pastiera sono dolci tipic________ della cucina napoletana.

4. Buono/-a/-i/-e oder bene? Ergänzen Sie.

a A Roma il cappuccino è proprio ________ !
b In questo ristorante si mangia veramente ________ .
c Basta, non ti voglio più ________ !
d Allora, ci vediamo domani! – Va ________ !
e I tuoi figli sono belli e ________ .
f Dottor Vitale, Le faccio una ________ proposta.
g I film d'amore finiscono sempre ________ !
h Sono ________ le clementine? – Certo, signora, sono dolcissime.

17 Vogliamo ritornare in Francia?

Wollen wir wieder nach Frankreich fahren?

* Silberhochzeit

Präpositionen in und a

Im Folgenden sind die wichtigsten Anwendungsregeln aufgeführt.

REGEL Die Präposition **in** wird verwendet:

- bei Orts- und Richtungsangaben (u. a. Ländernamen, Regionen, Kontinenten, einigen großen Inseln)
  Vogliamo ritornare in Francia?
  Wollen wir wieder nach Frankreich fahren?
  in banca, in montagna, in chiesa
  zur / in die Bank, in die / den Bergen, in der / die Kirche
- bei Zeitangaben
  in primavera, in gennaio, nel 2012 *im Frühling, im Januar, (im Jahr) 2012*
- bei der Angabe von Verkehrsmitteln und in feststehenden adverbialen Ausdrücken
  Andiamo in macchina o in treno? *Fahren wir mit dem Auto oder mit dem Zug?*
  Lo spettacolo comincia in orario. *Die Vorstellung fängt pünktlich an.*

REGEL Die Präposition **a** wird verwendet:

- bei Orts- und Richtungsangaben (u. a. Städten, kleinen Inseln)
  Ritorniamo a Parigi! *Lass uns wieder nach Paris fahren!*
  al bar, a casa, al cinema, al ristorante, a letto, al mare *in die / der Bar, zu / nach Hause, im / ins Kino, im / ins Restaurant, im / ins Bett, am / ans Meer*
- bei Angaben des indirekten Objekts (Frage: wem?)
  Scrivo una e-mail a Rossana. *Ich schreibe Rossana eine E-Mail.*
- bei Zeitangaben
  alle cinque, a mezzanotte, a Natale *um 5:00 Uhr, um Mitternacht, an Weihnachten*
- bei Angaben der Art und Weise und in feststehenden adverbialen Ausdrücken
  la cravatta a righe, a piedi *die gestreifte Krawatte, zu Fuß*
- vor dem Infinitiv
  Non andiamo mai a ballare. *Wir gehen nie tanzen.*

! Wenn die Präpositionen in und a sich mit dem bestimmten Artikel verbinden, ergeben sich folgende Formen:

	il	lo	l'	la	i	gli	le
in	nel	nello	nell'	nella	nei	negli	nelle
a	al	allo	all'	alla	ai	agli	alle

1. Welche Präposition passt? Tragen Sie die Wörter in den passenden Sack ein.

Inghilterra
autunno
Africa
aereo
Ischia
Liguria

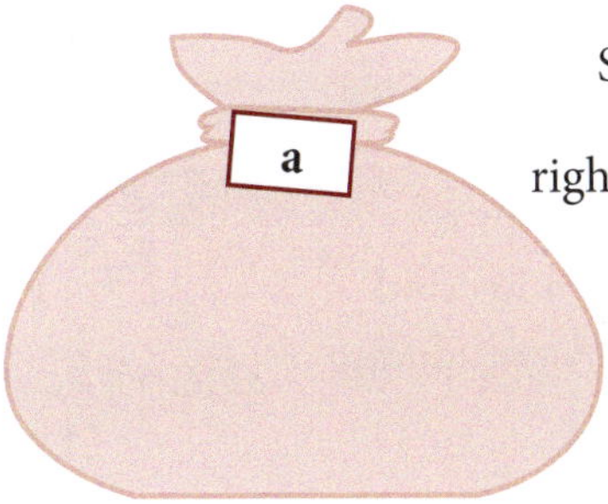

Sicilia
righe
Pasqua
Venezia
chiesa
banca

2. In oder a? Setzen Sie die richtige Präposition ein.

a Scusa, ma non ho tempo. Devo andare prima ___ biblioteca e poi subito ___ casa.
b Ma perché arrivi sempre ___ ritardo?
c ___ estate ho sempre voglia di andare ___ ballare.
d La prossima estate vogliamo fare un bel viaggio ___ macchina.
e Mio fratello lavora ___ Svizzera, ___ Ginevra.
f Bambini, è tardi! Andate ___ letto.
g Che fate ___ Capodanno?
h Domenica prossima volete fare una passeggiata ___ montagna?
i Allora, prendo la macchina. – No, andiamo ___ piedi!
j Aspetta un attimo, devo prima telefonare ___ Fabio.
k I miei genitori vogliono prenotare una vacanza di una settimana ___ Capri.
l Ti piace questo pullover ___ quadri?

3. Ergänzen Sie mit in + Artikel.

a ________ 2028 i miei nonni festeggiano le nozze d'oro.
b ________ casa accanto vivono delle persone veramente strane!
c Lavoro ________ studio legale di mio zio.
d Cinzia ama fare viaggi ________ paesi tropicali.
e ________ uffici postali si vendono i francobolli.
f Io preferisco studiare ________ biblioteche specializzate.

4. Ergänzen Sie mit a + Artikel.

a Stasera ceniamo ________ ristorante.
b Ti telefono domani mattina ________ otto.
c Allora, andate ________ cinema?
d Signorina, può spedire questo pacco ________ avvocato Pinto?
e Quando lo dici ________ tuoi genitori che hai un nuovo lavoro?
f Dopo i corsi vado sempre ________ mensa.

18 Torno dal mio ex!

Ich gehe zu meinem Ex zurück!

Präpositionen di und da

Die Präpositionen di und da kommen in sehr unterschiedlichen Kontexten vor, u. a. zur Zeit- und Herkunftsangabe. Im Folgenden sind die wichtigsten Anwendungsregeln aufgeführt.

REGEL Die Präposition **di** wird verwendet:

- bei Herkunftsangaben (mit essere)
  Sono di Milano. *Ich bin aus Mailand.*
- bei Zeitangaben
  Di sera rimaniamo sempre a casa. *Abends bleiben wir immer zu Hause.*
- bei Besitzangaben
  Il cane del nostro vicino abbaia continuamente. *Der Hund unseres Nachbarn bellt ständig.*
- bei Angaben über die Beschaffenheit und das Material von Dingen (Baustoff u. ä.)
  Cerco una camicetta di lino. *Ich suche eine Bluse aus Leinen.*
- bei Mengenangaben
  Un litro di latte, per favore. *Ein Liter Milch, bitte.*

REGEL Die Präposition **da** wird verwendet:

- bei Herkunftsangaben
  Vengo da Palermo. *Ich komme aus Palermo.*
- bei Orts- und Richtungsangaben (nur in Verbindung mit Personen)
  Torno dal mio ex! *Ich gehe zu meinem Ex zurück!*
- bei Zeitangaben (seit, ab, von)
  Ti aspetto da due ore! *Seit zwei Stunden warte ich auf dich!*
- bei Angaben des Zwecks
  occhiali da sole, camera da letto *Sonnenbrille, Schlafzimmer*

! Wenn die Präpositionen di und da zusammen mit dem bestimmten Artikel auftreten, ergeben sich folgende Formen:

	il	lo	l’	la	i	gli	le
di	del	dello	dell’	della	dei	degli	delle
da	dal	dallo	dall’	dalla	dai	dagli	dalle

1. Bilden Sie Sätze.

a	Partiamo con la nave	da	pranzo.
b	Il gatto siamese		patate, per piacere.
c	Porto i fiori in sala		mia zia.
d	La mia amica Mercedes è		Pietro scappa sempre!
e	Vorrei un chilo		Madrid.
f	Ti piace la mia borsa	di	Napoli.
g	Luisa è malata		tre giorni.
h	Stasera ceniamo		pelle?

2. Di oder da? Setzen Sie die richtige Präposition ein.

a Questi sono Kostantinos e Georgios, sono ___ Atene.
b Noi veniamo ___ Cosenza, e voi?
c Buongiorno! Può darmi due etti ___ mortadella?
d ___ martedì comincio un nuovo lavoro.
e Ci porta un'altra bottiglia ___ acqua minerale, per favore?
f Posso provare quel pullover rosso ___ cotone che è in vetrina?
g Mamma, stasera dormo ___ Roberto.
h Non mi aspettate per cena, vado ___ Luigi a giocare a scacchi.
i Il padre ___ Eleonora è direttore di banca.
j ___ pomeriggio prendiamo sempre il tè con i biscotti.
k ___ domani faccio jogging!
l Il treno ___ Milano è in ritardo.

3. Ergänzen Sie mit di + Artikel.

a La villa ________ vicini è proprio bella!
b Il gioco ________ calcio è molto popolare.
c Di dove sei? – Sono ________ provincia di Siena.
d Il racconto ________ tue avventure è veramente interessante!
e Mi puoi dare la ricetta ________ strudel?
f Non ricordo il nome ________ amici di Valerio.

4. Ergänzen Sie mit da + Artikel.

a ________ primo gennaio 2001 in Europa si usa l'euro.
b Lavoro ________ 8.00 alle 16.00, e tu?
c Questa estate vado in Inghilterra ________ miei zii.
d Franz e Peter vengono ________ Austria.
e ________ prossima settimana devo lavorare anche il sabato.
f Puoi tradurre questa mail ________ spagnolo?

Per te sono pronto a tutto!

Für dich bin ich zu allem bereit!

Präpositionen con, su, per, tra / fra

REGEL **con** – Die Präposition con wird in der Bedeutung von *mit* verwendet.

Stasera esco con Roberto.
Heute Abend gehe ich mit Roberto aus.

Posso pagare con la carta di credito?
Kann ich mit der Kreditkarte zahlen?

REGEL **su** – Die Präposition su wird für Orts- und Richtungsangaben verwendet.

Dov'è la bottiglia? – È su quel tavolo.
Wo ist die Flasche? – Sie ist auf dem Tisch da.

A Natale andiamo sulle Dolomiti. *An Weihnachten fahren wir in die Dolomiten.*

REGEL **per** – Die Präposition per wird verwendet:

- in der Bedeutung von *für*
  Per te sono pronto a tutto. *Für dich bin ich zu allem bereit.*
- bei Richtungsangaben (mit dem Verb partire und mit Verkehrsmitteln)
  Domani partiamo per Roma. *Morgen fahren wir nach Rom.*
  il bus per Palermo *der Bus nach Palermo*
- bei Zeitangaben (Zeitdauer, Zeitpunkt)
  Avete una camera per due notti? *Haben Sie ein Zimmer für zwei Nächte?*
- bei Angaben des Zwecks (auch in Verbindung mit einem Infinitiv in der Bedeutung von *um … zu*)
  Vado in biblioteca per fare una ricerca. *Ich gehe in die Bibliothek, um eine Recherche zu machen.*

REGEL **tra / fra** – Die gleichbedeutenden Präpositionen tra / fra werden verwendet:

- in der Bedeutung von *zwischen*
  La banca si trova tra la farmacia e il bar. *Die Bank liegt zwischen Apotheke und Bar.*
- in der Bedeutung von *in* (zeitlich)
  Fra due anni mi sposo. *Ich heirate in zwei Jahren.*

! Wenn die Präposition su zusammen mit dem bestimmten Artikel auftritt, ergeben sich folgende Formen:

	il	lo	l'	la	i	gli	le
su	sul	sullo	sull'	sulla	sui	sugli	sulle

1. Con oder su, mit oder ohne Artikel? Setzen Sie die richtige Präposition ein.

a Le escursioni ________ Etna sono pericolose.
b Voglio fotografare il panorama ________ la mia macchina fotografica digitale.
c Dove trovi queste notizie? – ________ una rivista online specializzata.
d Venite ________ me al cinema domani?
e Vorrei un cornetto ________ la crema.
f Hai una macchia ________ scarpe. – Ah, è vero!

2. Per oder tra / fra? Setzen Sie die richtige Präposition ein.

a Il treno ___ Venezia viaggia con 15 minuti di ritardo.
b L'appuntamento dal dentista è ___ giovedì prossimo.
c Lo spettacolo inizia ___ due ore.
d Sabato i miei genitori partono ___ i Caraibi.
e ___ un anno vado in pensione.
f Salvatore scrive poesie d'amore ___ la sua ragazza, Paola.

3. Bringen Sie die Satzteile in die richtige Reihenfolge.

a vado | la mostra | vedere | di de Chirico | per | al museo

____

b fra | gli studi | finisce | un anno | ~~Francesco~~

Francesco ____

c il telefonino | con | la carta di credito | pago

____

d vista sul mare | vogliamo | ~~per~~ | una camera | la luna di miele | con

Per ____

e l'Italia | il Mare Mediterraneo | c'è | e la Spagna | tra

____

4. Ergänzen Sie mit der passenden Präposition: con, su (+ Artikel), per, tra / fra.

a Ho bisogno di un costume ________ andare al mare.
b È sempre piacevole passare una serata ________ gli amici.
c ________ qualche giorno arriva un mio amico dalla Francia.
d Ho una sorpresa ________ te! – Davvero?
e Perché non andiamo a sciare ________ Alpi?
f Mi puoi prestare la tua macchina ________ un giorno?
g L'ufficio di mio padre si trova ________ la banca e l'ospedale.
h Devo prendere assolutamente il prossimo volo ________ Los Angeles.

20 È la decima volta che ci arriva questa offerta speciale.

Zum zehnten Mal bekommen wir dieses Sonderangebot.

* Was für eine Qual!

Grund- und Ordnungszahlen

REGEL

- Die **Grundzahlen** sind männlich und normalerweise unveränderlich.
- Zero *(Null)*, milione *(Million)* und miliardo *(Milliarde)* besitzen eine Pluralform auf -i: due zeri *(zwei Nullen)*. Folgt auf milione und miliardo ein Substantiv, so muss die Präposition di eingefügt werden: tre milioni di abitanti *(drei Millionen Einwohner)*.
- Grundzahlen, die auf -tre enden, erhalten einen Akzent: trentatré.
- Bei zusammengesetzten Zahlen mit uno und otto verliert die Zehnerzahl den Endvokal: vent(i) + uno ➡ ventuno; sessant(a) + otto ➡ sessantotto

0	zero	10	dieci	20	venti	30	trenta	101	centouno
1	uno	11	undici	21	ventuno	31	trentuno	102	centodue
2	due	12	dodici	22	ventidue	32	trentadue	200	duecento
3	tre	13	tredici	23	ventitré	40	quaranta	300	trecento
4	quattro	14	quattordici	24	ventiquattro	50	cinquanta	1000	mille
5	cinque	15	quindici	25	venticinque	60	sessanta	2000	duemila
6	sei	16	sedici	26	ventisei	70	settanta	10.000	diecimila
7	sette	17	diciassette	27	ventisette	80	ottanta	100.000	centomila
8	otto	18	diciotto	28	ventotto	90	novanta		
9	nove	19	diciannove	29	ventinove	100	cento		

REGEL

- Die **Ordnungszahlen** sind Adjektive (→ Kap. 13) und richten sich nach ihrem Bezugswort: il primo anno *(das erste Jahr)*, la decima volta *(das zehnte Mal)*.
- Die Ordnungszahlen bis zur Zahl 10 sind unregelmäßig. Ab der Zahl 11 wird an die Grundzahl die Endung -esimo angefügt, dabei entfällt der Endvokal der Grundzahl: vent(i) + -esimo ➡ ventesimo *(zwanzigster)*. Der Endvokal entfällt nicht bei Zahlen, die auf -tré enden: trentatré + -esimo ➡ trentatreesimo *(dreiundreißigster)*.

1°	primo	4°	quarto	7°	settimo	10°	decimo
2°	secondo	5°	quinto	8°	ottavo	11°	undicesimo
3°	terzo	6°	sesto	9°	nono	12°	dodicesimo

1. Im Kasten sind die angegebenen Grundzahlen senkrecht oder waagerecht versteckt. Suchen Sie sie.

q	u	s	e	s	s	a	n	t	a
t	r	e	d	i	c	i	d	i	r
r	d	i	c	i	o	t	t	o	e
e	u	m	i	l	l	e	o	t	u
m	e	i	n	o	v	e	q	t	n
i	l	l	q	u	a	t	t	r	o
l	i	a	u	z	e	r	o	e	r
a	t	v	e	n	t	u	n	o	a

21 1 60 13 18 2 6000 5 4 1000 9 0 3000 3

2. Schreiben Sie die Grundzahlen aus. Folgen Sie dem Beispiel.

15 → *quindici*

a 58 → ______
b 125 → ______
c 8000 → ______
d 66 → ______
e 423 → ______
f 90 → ______
g 33 → ______
h 12 → ______
i 76 → ______
j 20.000 → ______
k 1992 → ______
l 3.000.000 → ______

3. Schreiben Sie die Ordnungszahlen aus. Folgen Sie dem Beispiel.

diciannove → *diciannovesimo*

a trenta → ______
b dieci → ______
c cento → ______
d sette → ______
e due → ______
f cinquanta → ______
g diciotto → ______
h sei → ______
i mille → ______
j sedici → ______
k quattro → ______
l ventitré → ______

4. Übersetzen Sie folgende Ausdrücke.

a eine Million Euro ______
b der dritte Stock ______
c die ersten Worte ______
d zwei Milliarden Menschen ______
e die fünfte Querstraße ______
f die ersten Freunde ______

21 Sono le sette e venti.

Es ist zwanzig nach sieben.

Diego: Gemma, dove sei?
Sono le sette e venti.
Il film comincia
alle sette e mezza!

Gemma: Guarda che
io sono all'entrata
del cinema.

Uhrzeit und Datum

REGEL Zur Angabe der **Uhrzeit** werden die Grundzahlen (→ Kap. 20) verwendet.

- Die volle Stunde wird mit sono le / è (l') + Stunde wiedergegeben.
  Sono le sette. / Sono le otto. *Es ist sieben Uhr. / Es ist acht Uhr.*
  Nur folgende Uhrzeiten werden im Singular angegeben:
  È mezzogiorno. / È l'una. / È mezzanotte. *Es ist Mittag. / Es ist ein Uhr. / Es ist Mitternacht.*

- Die Uhrzeit nach der vollen Stunde bis 20 Minuten vor der nächsten vollen Stunde wird wie folgt ausgedrückt: sono le / è (l') + Stunde + e + Minuten
  Sono le tre e un quarto. *Es ist Viertel nach drei.*
  Sono le sette e venti. *Es ist zwanzig nach sieben.*
  È l'una e mezzo / mezza. *Es ist halb zwei.*

- Ab 20 Minuten vor der nächsten vollen Stunde wird die Uhrzeit wie folgt wiedergegeben:
  sono le / è (l') + darauf folgende Stunde + meno + Minuten
  Sono le otto meno venti. *Es ist zwanzig vor acht.*
  È mezzanotte meno cinque. *Es ist fünf vor zwölf.*

! Bei offiziellen Zeitangaben (z. B. in Flughäfen oder Bahnhöfen) werden wie im Deutschen die 24 Stunden durchgezählt: 20.50 ➡ venti e cinquanta

Die Frage nach der Uhrzeit lautet: Che ora è? oder Che ore sono? *Wie spät ist es?*
Anstelle der deutschen Präposition *um* in Verbindung mit der Uhrzeit wird im Italienischen die Präposition a (+ Artikel, → auch Kap. 17) gebraucht.
A che ora comincia il film? *Um wie viel Uhr fängt der Film an?*
Il film comincia alle sette e mezza. *Der Film fängt um halb acht an.*

REGEL Das **Datum** wird mit den Grundzahlen (→ Kap. 20) ausgedrückt. Für den ersten Tag eines Monats verwendet man die Ordnungszahl primo *(erster)*.
Oggi è il dieci maggio. *Heute ist der zehnte Mai.*
Domani è il primo giugno. *Morgen ist der erste Juni.*

Will man sich nach dem Datum erkundigen, so kann man fragen Quanti ne abbiamo oggi? *(Der Wievielte ist heute?)* oder Che giorno è oggi? *(Welcher Tag ist heute?)*.

1. Kreuzen Sie die richtige Form an.

a Sei ancora a letto! Sono . . . .
- ☐ le dieci
- ☐ mezzogiorno

b Che ore . . . ?
- ☐ è
- ☐ sono

c Renato arriva . . . cinque.
- ☐ all'
- ☐ alle

d . . . maggio è la festa dei lavoratori.
- ☐ L'uno
- ☐ Il primo

e È mezzanotte meno . . . .
- ☐ un quarto
- ☐ quarto

f . . . gennaio si festeggia l'Epifania.
- ☐ Il sei
- ☐ Il sesto

2. Vervollständigen Sie die Uhrzeiten mit e oder meno.

	(13.30)	*È l'una e mezza.*
a	(13.45)	Sono le due ________ un quarto.
b	(18.25)	Sono le sei ________ venticinque.
c	(10.10)	Sono le dieci ________ dieci.
d	(11.55)	È mezzogiorno ________ cinque.
e	(20.40)	Sono le nove ________ venti.
f	(00.12)	È mezzanotte ________ dodici.

3. Geben Sie die Uhrzeit an. Folgen Sie dem Beispiel.

	14.40	→	*Sono le tre meno venti.*
a	9.10	→	________________
b	12.30	→	________________
c	23.50	→	________________
d	11.18	→	________________
e	17.35	→	________________
f	12.40	→	________________

4. Übersetzen Sie die Sätze.

a	Welcher Tag ist heute?	________________
b	Es ist fünf nach halb sechs.	________________
c	Um wie viel Uhr fährt der Zug ab?	________________
d	Ich esse Mittag um ein Uhr.	________________
e	Heute ist der dritte Juli.	________________
f	Rosa steht um sieben Uhr auf.	________________

Teilungsartikel bei unbestimmten Mengenangaben

REGEL Um im Italienischen eine unbestimmte Menge auszudrücken, verwendet man den Teilungsartikel. Im Deutschen gibt es dafür keine Entsprechung. Die Formen werden durch die Zusammensetzung der Präposition di mit den bestimmten Artikeln gebildet.

Vorrei delle mele. *Ich möchte Äpfel.*
Ci può portare del pane? *Können Sie uns (etwas) Brot bringen?*

Singular		
del (di + il)	prosciutto	*Schinken*
dello (di + lo)	zucchero	*Zucker*
dell' (di + l')	olio (m)	*Öl*
della (di + la)	carne	*Fleisch*
dell' (di + l')	uva (w)	*Trauben*

Plural		
dei (di + i)	carciofi	*Artischocken*
degli (di + gli)	asparagi / spinaci	*Spargel / Spinat*
delle (di + le)	fragole	*Erdbeeren*

! Bei bestimmten Mengenangaben verwendet man die Präposition di, jedoch ohne Artikel.
Vorrei un chilo di mele. *Ich möchte ein Kilo Äpfel.*
Ci può portare una bottiglia di vino? *Können Sie uns eine Flasche Wein bringen?*

1. Ordnen Sie die Wörter dem entsprechenden Artikel zu.

pane aranciata zafferano spumante fiori gnocchi pesce acqua aceto giornali pere pasta zucchini albicocche

del	dello	dell'	della	dei	degli	delle

2. Beschreiben Sie, was in der Einkaufstasche ist. Benutzen Sie dabei die Teilungsartikel.

Che cosa c'è nella borsa della spesa?

3. Verwandeln Sie die bestimmten Mengenangaben in unbestimmte.

un chilo di mele — *delle mele*

a un litro di birra ______
b mezzo chilo di funghi ______
c due pacchi di spaghetti ______
d un barattolo di ananas ______
e un litro di vino ______
f un vasetto di yogurt ______
g due etti di mortadella ______
h una bottiglia di acqua minerale ______
i una scatola di cioccolatini ______

4. Ergänzen Sie mit di oder di + Artikel.

a Vorrei un barattolo ______ marmellata e ______ zucchero.
b Vado a comprare ______ salame per il picnic.
c Mi serve un set ______ coltelli.
d In cartoleria ci sono ______ buste da lettera colorate.
e Ha ______ zucchini freschi?
f Mi taglia un etto ______ prosciutto di Parma?
g Devo comprare ______ panna per il dolce.
h Buongiorno, vorrei un chilo ______ arance e anche ______ uva.

Direkte Objektpronomen (mi, me, ti, te ...)

REGEL Die direkten Objektpronomen ersetzen ein direktes Objekt. Sie entsprechen den Akkusativpronomen im Deutschen. Man unterscheidet zwischen betonten und unbetonten direkten Objektpronomen.

Unbetonte direkte Objektpronomen (mi, ti, lo, la, La, ci, vi, li, le) stehen in der Regel vor dem konjugierten Verb.
Mi ami veramente? *Liebst du mich wirklich?*

Unbetonte direkte Objektpronomen können auch an eine Infinitivform angehängt werden. Dabei entfällt das -e der Infinitiv-Endung.
Ti voglio vedere. oder Voglio ved**erti**. *Ich will dich sehen.*

Das Verneinungswort non steht vor dem unbetonten Objektpronomen. Wenn das unbetonte Objektpronomen an einen Infinitiv angehängt wird, steht es wie üblich vor dem konjugierten Verb (→ Kap. 27).
Non mi ama. *Er liebt mich nicht.* Non voglio vederti. *Ich will dich nicht sehen.*

Betonte direkte Objektpronomen (me, te, lui, lei, Lei, noi, voi, loro) stehen immer nach dem Verb und werden nicht an den Infinitiv angehängt. Man verwendet sie in Zusammenhang mit Präpositionen oder um etwas hervorzuheben. Das Verneinungswort non steht vor dem konjugierten Verb.
I fiori sono per te! *Die Blumen sind für dich!*
Ama solo me. *Er/Sie liebt nur mich.*

	unbetont	betont	
Singular	mi	me	*mich*
	ti	te	*dich*
	lo	lui	*ihn*
	la	lei	*sie*
	La	Lei	*Sie*

	unbetont	betont	
Plural	ci	noi	*uns*
	vi	voi	*euch / Sie*
	li / le	loro	*sie* (m/w)

Lo und la können vor einem Vokal oder dem Anfangsbuchstaben h apostrophiert werden.
L'invito. *Ich lade ihn / sie ein.*

! Will man ein Objekt hervorheben, so stellt man es im Satz an die erste Stelle und es folgt das betreffende unbetonte Objektpronomen.
La cioccolata la vuole con o senza panna? *Möchten Sie die Schokolade mit oder ohne Sahne?*

1. Beantworten Sie die Fragen. Folgen Sie dem Beispiel.

	Vuoi il gelato?	Sì, lo voglio. / No, non lo voglio.
a	Mi ami?	No, ______
b	Rosa, mangi la frutta?	Sì, ______
c	Vedi quell'uccello?	Sì, ______
d	Ci venite a trovare?	No, ______
e	Hai delle sigarette?	Sì, ______
f	Scusi, mi può aiutare?	Sì, ______

2. Schreiben Sie die Geschichte um, indem Sie die unterstrichenen Wörter mit den passenden Objektpronomen an der richtigen Stelle ersetzen.

Luca e la bambola

Mi chiamo Chiara e ho 5 anni. Ho tanti giocattoli. Ho i giocattoli in una grande cesta. Amo soprattutto una bambola di pezza. Tutte le mie amiche vorrebbero avere la bambola di pezza. Io ho anche altre bambole, ma lascio le bambole sempre nella cesta perché non mi piacciono più. Ho un fratellino più piccolo, Luca. Io adoro Luca e gioco tutti i giorni con Luca. Prendiamo la mia bambola e giochiamo con la bambola per ore. Luca e la bambola, io amo solo Luca e la bambola!

3. Ergänzen Sie das betonte oder unbetonte Objektpronomen.

a Vado al cinema stasera. Vuoi venire con ______ ?
b Quel ragazzo ti sta guardando da due ore! – No, sta guardando ______ !
c Ogni volta che usciamo insieme, vediamo quell'uomo. Ma allora ______ segue!
d Mariella e Ludovico non possono venire alla festa. – Oh, mi dispiace per ______ !
e Ho una macchina nuova. Vuoi veder______ ?
f Giovanni, ______ posso chiamare domani in ufficio?
g I signori Frasconi sono proprio noiosi. Non ______ sopporto!
h Cerco Raffaella da due giorni! – Perché cerchi proprio ______ ?

4. Verbinden Sie die linke mit der rechten Spalte.

a La pasta	1 la chiami tu o la chiamo io?
b Il caffè	2 lo bevo corretto.
c Gli esami	3 la mangiamo sempre volentieri.
d Le vacanze	4 le prendiamo ad agosto o a settembre?
e Nadia	5 non lo leggo mai.
f Il giornale	6 li vai a fare domani?
g Le scarpe	7 le compro sempre con i tacchi alti.

Ti porto una bibita.

Ich bringe dir ein Getränk.

Indirekte Objektpronomen (mi, a me, ti, a te …)

REGEL Die indirekten Objektpronomen (mi, a me, ti, a te etc.) ersetzen ein indirektes Objekt, das mit der Präposition a eingeleitet wird (z. B. a Maria, al dottore). Sie entsprechen dem Dativ im Deutschen.

indirektes Objekt ↓	indirektes Objektpronomen ↓
Regalo a Rocco un libro.	Gli regalo un libro.
Ich schenke Rocco ein Buch.	*Ich schenke ihm ein Buch.*

Man unterscheidet zwischen betonten und unbetonten indirekten Objektpronomen.

Unbetonte indirekte Objektpronomen (mi, ti, gli, le, Le, ci, vi, gli) stehen gewöhnlich vor dem konjugierten Verb.

Ti porto una bibita.
Ich bringe dir ein Getränk.

Unbetonte indirekte Objektpronomen können auch an eine Infinitivform angehängt werden. Dabei entfällt das -e der Infinitiv-Endung.

Eugenio mi può prestare la sua moto. oder
Eugenio può prestarmi la sua moto.
Eugenio kann mir sein Motorrad leihen.

Das Verneinungswort non steht vor den unbetonten Objektpronomen. Wenn das unbetonte Objektpronomen an einen Infinitiv angehängt wird, steht non wie üblich vor dem konjugierten Verb (→ Kap. 27).

Giuseppe non mi crede.
Giuseppe glaubt mir nicht.
Giuseppe non vuole credermi.
Giuseppe will mir nicht glauben.

Betonte indirekte Objektpronomen (a me, a te, a lui, a lei, a Lei, a noi, a voi, a loro) stehen sowohl vor als auch nach dem Verb sowie vor dem Subjekt. Sie dienen der Hervorhebung.

I colori pastello a te stanno molto bene. oder
A te i colori pastello stanno molto bene.
Pastellfarben stehen dir sehr gut.

Das Verneinungswort non steht vor dem konjugierten Verb.

A me questa storia non interessa.
Mich interessiert diese Geschichte nicht.

	unbetont	betont	
Singular	mi	a me	*mir*
	ti	a te	*dir*
	gli	a lui	*ihm*
	le	a lei	*ihr*
	Le	a Lei	*Ihnen*

	unbetont	betont	
Plural	ci	a noi	*uns*
	vi	a voi	*euch / Ihnen*
	gli	a loro	*ihnen*

1. Verbinden Sie die linke mit der rechten Spalte zu sinnvollen Sätzen.

a Da quando vivo all'estero ... → 2
b Gli zii di Ada per il suo compleanno ...
c Attenzione! Se non hai il biglietto ...
d Quando viene Vincenzo ...
e A noi piace ...
f Signora, ...

1 ti fanno una multa di 30 euro!
2 mi manca il mare!
3 il nostro lavoro. A voi no?
4 Le porto qualcosa da bere?
5 le regalano ogni anno la stessa cosa!
6 gli faccio vedere il televisore nuovo.

2. Antworten Sie mit dem zutreffenden Objektpronomen wie im Beispiel.

Ti serve la bicicletta? — *Sì, mi serve. / No, non mi serve.*
a Ti piace il cinema? — No, ______ .
b Allora, mi telefoni domani? — Sì, ______ .
c Mamma, ci prepari uno spuntino? — Sì, ______ dei tramezzini.
d Vi serve la macchina stasera? — No, ______ .
e A Maria regali un orologio per Natale? — Sì, ______ uno smartwatch!
f A Danilo dispiace se non vado alla sua festa? — Sì, ______ sicuramente moltissimo!

3. Wandeln Sie die Sätze um, indem Sie die unterstrichenen Wörter durch die passenden unbetonten indirekten Objektpronomen ersetzen.

Domani mando un'e-mail <u>al dottor Fini</u>. — *Domani gli mando un'e-mail.*
a Perché non spieghi <u>a me</u> come funziona il lettore DVD? ______
b <u>A Enrico e Fabio</u> non interessa il calcio. ______
c Signora Lusani, mi dispiace, <u>a Lei</u> non posso dare un aumento. ______
d <u>A noi</u> il tecnico consiglia di comprare una lavatrice nuova. ______
e <u>A voi</u> non manca niente, vero? ______
f Perché <u>a te</u> non piace vedere la partita la domenica? ______

4. Ergänzen Sie mit den betonten oder unbetonten Objektpronomen.

a Signora, ___ consiglio di mangiare meno dolci.
b Giulio, a me non piacciono proprio queste foto, e a ___ ?
c Luisa è molto triste perché sua madre non ___ permette di andare alla gita di classe!
d Ragazzi, a me non interessa proprio questo programma. A ___ ?
e Paolo, ___ dai una mano per favore? – Sì, papà, vengo subito.
f Vittorio e io ascoltiamo musica rap. Questo genere musicale ___ piace moltissimo.
g Avete sete? Possiamo offrir___ qualcosa da bere?
h Se vedi Giovanna ed Elpidio, ___ dici di chiamarmi urgentemente sul cellulare?

25 Gliela prendo.
Ich hole sie Ihnen.

* Gen-Banane

Zusammengesetzte Objektpronomen (me lo, te lo, glielo, gliela …)

REGEL So wie im Deutschen ist es auch im Italienischen möglich, verschiedene Pronomen zu kombinieren. Wenn ein unbetontes indirektes Objektpronomen (z. B. mi) und ein unbetontes direktes Objektpronomen (z. B. lo) aufeinanderfolgen, entstehen dabei folgende Formen:

	mi	**ti**	**gli / le**	**Le**	**ci**	**vi**
lo	me lo	te lo	glielo	Glielo	ce lo	ve lo
la	me la	te la	gliela	Gliela	ce la	ve la
li	me li	te li	glieli	Glieli	ce li	ve li
le	me le	te le	gliele	Gliele	ce le	ve le

Im Gegensatz zum Deutschen steht im Italienischen normalerweise das indirekte Objektpronomen vor dem direkten Objektpronomen.
Gliela prendo. *Ich hole sie Ihnen.*

Die indirekten Pronomen nehmen in der Kombination mit den direkten Pronomen neue Formen an: mi ➡ me, ti ➡ te, ci ➡ ce, vi ➡ ve
Me lo dai? *Gibst du es / ihn mir?*
Die Pronomen gli und le werden in Verbindung mit lo, la, li, le zusammengeschrieben und nehmen dabei die Form glie- an.
Glielo spieghi? *Erklärst du es ihm / ihr?*

Stehen zusammengesetzte Objektpronomen in Verbindung mit einer Infinitivform, so können sie an den Infinitiv angehängt werden. Dabei entfällt das -e der Infinitivendung und die zusammengesetzten Objektpronomen werden zusammengeschrieben.
Non te lo posso dire. oder Non posso dirtelo. *Ich darf es dir nicht sagen.*
Glielo puoi spiegare tu, per favore? oder Puoi spiegarglielo tu, per favore?
Kannst du es ihm / ihr bitte erklären?

1. Vervollständigen Sie mit den Pronomen.

ve la | me le | Gliele | ce la | gliela | me li | te lo | glielo

a Hai delle belle scarpe. ________ presti per andare sabato alla festa?
b Quando compriamo il regalo a Sergio? – ________ compro io domani.
c Direttore, devo spostare la Sua macchina. Mi può dare le chiavi? ________ riporto subito.
d Mamma, ci racconti una favola? – Stasera ________ racconta papà.
e Devo scrivere un'e-mail ai miei amici di Sondrio. ________ scrivo oggi dopo il lavoro.
f Vi preparo una torta? – Sì! ________ fai con la crema?
g Che bel quadro! – Se vuoi ________ regalo.
h Fai sempre dei dolci squisiti, però non ________ fai assaggiare mai!

2. Wandeln Sie die Sätze um, indem Sie die unterstrichenen Wörter durch die zusammengesetzten Pronomen ersetzen.

Devo preparare <u>la merenda ai ragazzi</u>. — *Gliela devo preparare.*
a I nostri genitori <u>ci</u> regalano <u>un cane</u>. ________
b Quando <u>vi</u> dobbiamo restituire <u>la macchina</u>? ________
c Puoi prendere <u>il cappotto a tua madre</u>? ________
d <u>Mi</u> dai <u>i soldi</u>? ________
e Adesso <u>ti</u> racconto <u>una barzelletta</u>. ________
f <u>Le</u> posso consegnare <u>i documenti</u> domani? ________

3. Verbinden Sie die linke mit der rechten Spalte zu sinnvollen Sätzen.

a Se non hai tempo, i libri ... (→ 4)	1 ve lo offro io.
b Il vestito ...	2 glieli regala papà per Natale.
c Amici, oggi il pranzo ...	3 non può ripararcelo.
d Professore, la regola ...	4 te li riporto io in biblioteca.
e Signora, le valigie ...	5 me lo accorcia la sarta.
f Nonna, la spesa ...	6 te la facciamo più tardi.
g Il tecnico dice che il televisore ...	7 ce la può spiegare di nuovo?
h A mamma i guanti ...	8 Gliele porto in camera.

4. Beantworten Sie die Fragen. Folgen Sie dem Beispiel.

Mi fai un tè? — *Sì, te lo faccio. / No, non te lo faccio.*
a Scusi, ci dà un'informazione? — Sì, ________ volentieri.
b Mi compri un litro di latte? — Certo, ________ più tardi.
c Dici a Luciana che la cerco? — Sì, se la vedo ________ .
d Ci fai provare i Rollerblade? — No, ________ !
e Mi presti 50 euro? — Certo, ________ se ti servono.
f Allora, ti compri queste scarpe? — Sì, ________ .

26 Ti piace?
Gefällt es dir?

* hier: Stil

Das Verb piacere (mi piace / mi piacciono)

REGEL Das Verb piacere *(gefallen, mögen)* ist ein unregelmäßiges Verb, das meist unpersönlich gebraucht wird. Die Verbform hängt vom Substantiv ab, auf das sie sich bezieht. Steht das Substantiv in der Einzahl, wird die Form piace (3. Person Sing.) gebraucht. Steht das Substantiv in der Mehrzahl, wird piacciono (3. Person Pl.) gebraucht. Das Verb piacere steht immer in Verbindung mit einem indirekten Objekt oder Objektpronomen (mi, ti, gli ...).

Substantiv im Singular ➡ piace

Ti piace il vestito? *Gefällt dir das Kleid?*
Il cappello mi piace. *Der Hut gefällt mir.*

Substantiv im Plural ➡ piacciono

I concerti non mi piacciono per niente. *Konzerte mag ich gar nicht.*
Vi piacciono le penne all'arrabbiata? *Mögt ihr Röhrennudeln mit „arrabbiata"-Soße?*

Folgt dem Verb piacere ein Infinitiv, wird die Form piace (3. Person Sing.) gebraucht.

Infinitiv ➡ piace

A Giorgio piace sciare. *Giorgio fährt gerne Ski.*
Ci piace molto giocare a tennis. *Wir spielen sehr gerne Tennis.*

1. Bringen Sie die Wörter in die richtige Reihenfolge.

a piace – paesi – visitare – stranieri – ci ______________________

b Lia – a – piacciono – i gioielli – non ______________________

c la pittura – piace – a – lei – surrealista ______________________

d guidare di notte – mio fratello – piace – a ______________________

e non – la musica rock? – piace – ti ______________________

2. Tragen Sie die unten stehenden Elemente in die zutreffende Spalte ein.

Mi piace …		Mi piacciono …
	ballare il tango le scarpe con i tacchi alti i ragazzi muscolosi suonare la batteria cenare fuori il vino rosso il caffè corretto il basket	

3. Fügen Sie die Formen von piacere ein.

a A me non ______________ stirare. E a te?

b Flora è una ragazza sensibile, le ______________ la musica e adora dipingere.

c Se vi ______________ ballare, allora andiamo in discoteca!

d Non mi ______________ le persone che pensano solo alla carriera.

e A Renato non __________ andare in vacanza da solo, gli __________ stare in compagnia.

f Ti ______________ gli spaghetti alla carbonara?

g A noi ______________ molto i thriller, a voi?

h Mio padre ama tutti gli sport. Gli ______________ soprattutto la Formula 1.

4. Vervollständigen Sie die Sätze mit piacere und jeweils einer der unten stehenden Angaben.

leggere · l'italiano · i colori scuri e gli abiti lunghi · cucinare · il giardinaggio · il tennis e la pallavolo · viaggiare con i mezzi pubblici · guardare la TV

a Voglio regalare un libro di ricette alla mia ragazza perché le ______________________ .

b A Livia ______________________ , infatti ha una stanza piena di libri!

c Due miei amici vogliono fare un corso di lingua a Perugia: a loro __________ molto ______________ .

d Mirella è una ragazza sportiva: a lei ______________________ .

e Per andare in ufficio prendo l'auto perché non mi ______________________ .

f Mi ______________________ , così sembro più magra!

g A Gerardo ______________________ . Trascorre le ore a curare piante e fiori.

h Veronica e Guido sono veramente pigri. Gli ______________________ tutta la sera.

27 Non respiro.

Ich atme nicht.

Verneinung

REGEL Die Verneinung wird durch no oder non ausgedrückt.

No entspricht dem deutschen *nein*, in einigen Fällen z. B. am Satzende wird es auch mit *nicht* wiedergegeben.

Vuoi un gelato? – No, grazie. *Möchtest du ein Eis? – Nein, danke.*

Vieni o no? *Kommst du oder kommst du nicht?*

Perché no! *Warum nicht!*

Beachten Sie folgende Ausdrücke:

Credo di no. *Ich glaube, nicht.*

Spero di no. *Ich hoffe, nicht.*

Non entspricht dem deutschen *nicht* und steht gewöhnlich vor dem konjugierten Verb.

Non respiro. *Ich atme nicht.*

Ida non ama cucinare. *Ida kocht nicht gerne.*

Kommen im Satz Reflexivpronomen oder unbetonte Objektpronomen (mi, ti, ci usw.) sowie zusammengesetzte Pronomen (me lo, te lo usw.) (→ Kap. 23, 24, 25) vor, steht non vor dem Pronomen. Das gilt nicht für betonte Objektpronomen (me, te usw.) sowie für Subjektpronomen (io, tu, lei usw.).

La domenica non ci alziamo presto. *Sonntags stehen wir nicht früh auf.*

Lei non lavora qui. *Sie arbeitet nicht hier.*

! Non kann man im Deutschen auch mit *kein/-e* wiedergeben.

Non ho tempo. *Ich habe keine Zeit.*

Non hai voglia di andare al cinema? *Hast du keine Lust, ins Kino zu gehen?*

1. Bringen Sie die Wörter in die richtige Reihenfolge.

a non | in ufficio | andare | posso | ~~oggi~~ — Oggi ______

b gli | non | lavare | piace | i piatti ______

c Enrico | pazienza | ha | non ______

d non | loro | di qui | sono ______

e ti | il mio tablet | presto | non ______

f di venire | alla | non | voglia | festa | hanno ______

2. Setzen Sie no oder non ein.

a Allora che fai, cambi lavoro? – Credo di ______ .
b La nostra insegnante ______ ha pazienza.
c Ti va di andare a teatro domenica prossima? – Perché ______ !
d Stasera ______ voglio cucinare. Andiamo a mangiare una pizza.
e Domani piove. – Speriamo di ______ !
f Le posso offrire un caffè? – ______ , grazie. ______ ho tempo.
g Beh, questo quadro vi piace o ______ ?

3. Übersetzen Sie.

a Wir haben keinen Hunger. ______
b Ich hoffe, nicht. ______
c Warum kommst du nicht zu mir? ______
d Gefällt Ihnen der Film nicht? ______
e Ich weiß es nicht. ______
f Umberto schreibt sich nicht an der Universität ein. ______

4. Verneinen Sie die Sätze.

a Rossana parla l'inglese. ______
b I miei genitori mi capiscono. ______
c Lei è italiano? ______
d Penso di sì. ______
e Oggi ho voglia di fare sport. ______
f Suo fratello lo aiuta con i compiti. ______
g Sì, grazie. Ho sete. ______
h Domani mi posso riposare. ______

28 Non si sente assolutamente niente.

Man spürt absolut nichts.

Mehrfache Verneinung

REGEL Enthält ein Satz einen Negationsausdruck, z. B. niente *(nichts)*, so wird im Italienischen zusätzlich non verwendet.

Hier eine Liste der häufigsten Negationsausdrücke:

non … niente / nulla	*nichts*	Non si sente niente. *Man spürt nichts.*
non … mai	*nie*	Non vado mai al cinema. *Ich gehe nie ins Kino.*
non … nessuno	*niemand*	Non conosco nessuno. *Ich kenne niemanden.*
non … più	*nicht / kein … mehr*	Non partiamo più. *Wir reisen nicht mehr ab.*
non … né … né	*weder … noch*	Non so né cantare né suonare. *Ich kann weder singen noch spielen.*
non … neanche / nemmeno	*auch nicht / nicht einmal*	Non ci piace neanche / nemmeno la carne. *Wir mögen auch kein Fleisch.*

! Non entfällt, wenn die Negationsausdrücke mai, niente, nessuno allein oder am Satzanfang stehen.

Quanto hai pagato il libro? – Niente, era in omaggio. *Was hast du für das Buch gezahlt? – Nichts, es war ein Werbegeschenk.*

Fumi? – Mai. *Rauchst du? – Nie.*

Nessuno mi capisce! *Niemand versteht mich!*

1. Bringen Sie die Wörter in die richtige Reihenfolge.

a prendo | non | ~~grazie~~ | niente

_______________________________________ *, grazie.*

b ~~Gina~~ | né | né | sono | belle | simpatiche | e | non | Marcella

Gina _______________________________________

c domani | non | ~~da~~ | più | lavoriamo

Da _______________________________________

d mai | fanno | sport | non

____

e crede | mi | nessuno

____

2. Vervollständigen Sie mit niente, mai, nessuno, più, né ... né und nemmeno.

a Oggi non c'è ______________ a scuola.
b Mi dispiace, non ti posso dire ______________ .
c Valerio, abiti vicino a casa mia, ma non ci vediamo ______________ !
d Non mangiate ______________ carne ______________ pesce?
e Basta! Non ti voglio ______________ vedere.
f Studi l'inglese da due anni e non dici ______________ una parola?

3. Übersetzen Sie.

a Ich treffe mich mit niemandem. ______________
b Er frühstückt nie. ______________
c Wir haben keinen Hunger mehr. ______________
d Hier sieht man nichts. ______________
e Sie wollen weder studieren noch arbeiten. ______________
f Warum macht ihr nie Urlaub? ______________

4. Verneinen Sie die Sätze. Achten Sie darauf, dass nicht nur das Verb, sondern auch die Aussage des Satzes verneint wird.

Ho tempo e quindi vado anche a messa. *Non ho tempo e quindi non vado neanche a messa.*
a Carla si alza sempre presto. ______________
b Mi piace ballare e cantare. ______________
c Mia figlia parla con tutti. ______________
d Domani possiamo andare a teatro e a cena fuori. ______________
e Hai ancora voglia di giocare a carte? ______________
f Navigate sempre su Internet? ______________

Wählen Sie die richtige Form.

Adjektive und Adverbien

1. Marco compra solo macchine ....
   a) italiani
   b) italiane

2. Il ragazzo di Flora è ....
   a) svedese
   b) svedesi

3. Che ... cappello!
   a) bello
   b) bel

4. Carlo è un ... amico.
   a) buon
   b) buono

5. Perché bevi così ... ?
   a) velocemente
   b) specialmente

6. Gino è un ragazzo ....
   a) particolarmente
   b) particolare

7. Oggi mi sento proprio ... !
   a) buono
   b) bene

Präpositionen

8. L'anno prossimo vogliamo andare ... Turchia.
   a) in
   b) a

9. Stasera restate ... casa?
   a) a
   b) alla

10. Raffaele è ... Perugia.
    a) di
    b) da

11. Vado ... fruttivendolo.
    a) al
    b) dal

12. Verona si trova ... Milano e Venezia.
    a) con
    b) tra

13. Faccio jogging ... dimagrire.
    a) su
    b) per

Zahlen

14. 376
    a) trecentosettantasei
    b) trecentosessantasette

15. Laura e Sandro abitano al ... piano.
    a) quinto
    b) quinta

Uhrzeit und Datum

16. 18.45
    a) Sono le sei e un quarto.
    b) Sono le sette meno un quarto.

17. Oggi è ... ottobre.
    a) uno
    b) il primo

Teilungsartikel

18. Vorrei un chilo ... pere.
    a) di
    b) delle

19. Dobbiamo comprare ... zucchero.
    a) —
    b) dello

Pronomen

20. Compri il giornale?
   a) ☐ Sì, lo compro.
   b) ☐ Sì, li compro.

21. Gianfranco non ... ama!
   a) ☐ mi
   b) ☐ me

22. Mi presti 50 euro?
   a) ☐ No, non ti presto più niente!
   b) ☐ No, non vi presto più niente!

23. ... do il mio indirizzo e-mail, se vuole.
   a) ☐ Le
   b) ☐ Lei

24. Quando ti portano i mobili nuovi?
   a) ☐ Glieli portano domani.
   b) ☐ Me li portano domani.

25. Allora, Luigi regala un cane ai bambini?
   a) ☐ No, non vuole regalarglieli.
   b) ☐ No, non vuole regalarglielo.

Das Verb piacere

26. Vi ... i quadri di Modigliani?
   a) ☐ piace
   b) ☐ piacciono

27. Non mi ... pescare.
   a) ☐ piace
   b) ☐ piacciono

Verneinung

28. Fumi? – ... !
   a) ☐ No
   b) ☐ Non

29. Mi dispiace, ... ho tempo.
   a) ☐ no
   b) ☐ non

30. Perché ... parli mai?
   a) ☐ —
   b) ☐ non

Lust auf noch mehr Tests?

Dann ab ins Netz und weitermachen:
https://go.hueber.de/power-grammatik/italienisch

Vergleichen Sie nun Ihre Lösungen mit dem Schlüssel auf S. 153. Wenn Sie Aufgaben nicht richtig gelöst haben, wiederholen Sie noch einmal das betreffende Kapitel. Diese Tabelle zeigt Ihnen, auf welches Kapitel sich die einzelnen Aufgaben beziehen.

Aufgabe	Kapitel	Aufgabe	Kapitel	Aufgabe	Kapitel	Aufgabe	Kapitel	Aufgabe	Kapitel
1	13	7	16	13	19	19	22	25	25
2	13	8	17	14	20	20	23	26	26
3	14	9	17	15	20	21	23	27	26
4	14	10	18	16	21	22	24	28	27
5	15	11	18	17	21	23	24	29	27
6	16	12	19	18	22	24	25	30	28

29 Non ci credo proprio!

Ich glaube überhaupt nicht daran!

Gebrauch von ci

REGEL Das Pronominaladverb ci wird gebraucht, um adverbiale Konstruktionen oder Ergänzungen, die von Präpositionen eingeleitet werden, nicht zu wiederholen.

Man kann ci verwenden,

- um eine bereits erwähnte Orts- oder Richtungsangabe zu ersetzen. Ci bedeutet in diesem Fall *dort / dorthin* und steht normalerweise vor dem konjugierten Verb.
  Andate spesso in Inghilterra? – Ci andiamo ogni anno. *Fahrt ihr oft nach England? – Wir fahren jedes Jahr dorthin.*
  Vieni da Marco stasera? – No, non ci vengo. *Kommst du zu Marco heute Abend? – Nein, ich komme nicht.*
- um Ergänzungen zu ersetzen, die von den Präpositionen a, in, su und con eingeleitet werden. Ci bedeutet je nachdem *daran, darauf, damit* usw. und steht gewöhnlich vor dem konjugierten Verb.
  Non credi alle superstizioni? – No, non ci credo. *Bist du nicht abergläubisch?* (wörtlich: *Glaubst du nicht an den Aberglauben?*) – *Nein, ich glaube nicht daran.*
  Come va con Serena? – Male. Ci litigo continuamente. *Wie läuft es mit Serena? – Schlecht. Ich streite ständig mit ihr.*

! Wenn Orts- und Richtungsangaben bzw. Ergänzungen betont werden, stehen sie am Satzanfang und ci folgt.
In Inghilterra ci andiamo ogni anno. *Nach England fahren wir jedes Jahr.*
Con mia madre non ci esco mai. *Mit meiner Mutter gehe ich nie aus.*

In der Umgangssprache verwendet man zur Intensivierung des Verbes avere oft auch ci.
In Verbindung mit den direkten Pronomen wird dann ci zu ce.
Ha una sigaretta? – Sì, ce l'ho. *Haben Sie eine Zigarette? – Ja, habe ich.*
Hai ancora la moto? – No, non ce l'ho più. *Hast du das Motorrad noch? – Nein, ich habe es nicht mehr.*

1. Beantworten Sie die Fragen. Folgen Sie dem Beispiel.

Allora, vai dai nonni? *Sì, ci vado. / No, non ci vado.*

a Pensi tu al regalo per Rosa? Sì, ______ io!
b Allora, vai dal dentista? Sì, ______ domani pomeriggio.
c Lavora ancora in banca? No, ______ più.
d Domenica venite allo stadio con noi? No, ______ . Dobbiamo studiare!
e Scusi, ha un fazzoletto di carta? No, ______ , mi dispiace.
f Credi nell'amore vero? No, ______ .

2. Wandeln Sie die Sätze um. Folgen Sie dem Beispiel.

Vado a Zurigo. *Ci vado.*

a Penso spesso al passato. ______
b Bianca litiga sempre con Isabella. ______
c Domani torno a casa. ______
d Potete contare sul nostro appoggio. ______
e Qualche volta pensate alla morte? ______
f I genitori di Livio non credono in Dio. ______
g Quando vai in palestra? ______

3. Vervollständigen Sie die Sätze mit ci und mit dem passenden Verb.

~~scommettere~~ rinunciare andare giocare andare d'accordo tornare contare credere

Sara non viene alla festa. *(io)* *Ci scommetto!*

a Mimmo è un tipo difficile. Nessuno ______ .
b Non leggo mai l'oroscopo. Non ______ .
c A ballare *(noi)* ______ sabato. D'accordo?
d Cristiano e Luca conoscono Madrid benissimo, ma ______ sempre volentieri.
e Wanda è una vera amica. Sul suo aiuto ___ posso sempre ______ .
f È un'offerta unica! Non ___ devi ______ !
g I miei figli hanno un sacco di giocattoli, ma non ______ mai!

4. In welchen Sätzen sollten Sie ci oder ce gebrauchen? In welchen nicht? Ergänzen Sie, wo nötig.

a Pensi ancora alla storia con Fabio? – Oh sì, ___ penso sempre!
b Cosa facciamo sabato? – ___ andiamo in discoteca!
c Giorgio vive sempre a Palermo? – No, adesso ___ vive a Torino.
d Ti piace la mia nuova macchina fotografica digitale? ___ faccio delle foto bellissime!
e Tuo nonno ha il telefonino? – Sì, ___ l'ha!
f Lorenzo e Federica vanno sempre al mare, ma quest'anno ___ vanno in montagna.
g Sì, sono fatalista. Credo nel destino. E tu ___ credi?
h Quando vai dall'avvocato? – ___ vado mercoledì.

30 Anche io ne voglio uno!
Ich will auch eins!

Gebrauch von ne

REGEL Ne steht normalerweise vor dem konjugierten Verb und wird verwendet,

- um eine Teilmenge eines bereits erwähnten Begriffs auszudrücken. Die Übersetzung *davon* ist im Deutschen möglich, aber nicht notwendig.

▲ Ti piace il mio piercing?	▲ *Gefällt dir mein Piercing?*
● Sì, anche io ne voglio uno!	● *Ja, ich will auch eins!*
▲ Ha dei panini?	▲ *Haben Sie Brötchen?*
● Quanti ne vuole?	● *Wie viele möchten Sie?*
▲ Vuoi un liquore?	▲ *Willst du einen Likör?*
● Sì, grazie, ma ne prendo solo un po'.	● *Ja, bitte, aber ich nehme nur ein bisschen.*

- um Ergänzungen zu ersetzen, die von der Präposition di eingeleitet werden. Ne wird dann mit *davon*, *darüber*, *dazu* usw. übersetzt.

▲ Sai se Giulia lavora ancora in ospedale?	▲ *Weißt du, ob Giulia noch im Krankenhaus arbeitet?*
● No, non ne so niente. (= Non so niente di questa cosa.)	● *Nein, ich weiß nichts davon.*
Il sindaco ha un'amante. Ne parlano tutti in città! (= Di questa cosa tutti parlano in città.)	*Der Bürgermeister hat eine Geliebte. Alle in der Stadt sprechen darüber!*
Ti piace la mia nuova pettinatura? Che ne dici? (= Cosa dici della mia nuova pettinatura?)	*Gefällt dir meine neue Frisur? Was sagst du dazu?*

1. Verbinden Sie die Dialogteile.

a Quanti caffè bevete? → 7
b Quanti anni ha il ragazzo di Ornella?
c Ti piace la cioccolata?
d Ti va di giocare a ping-pong?
e Guido e Orsola si sposano.
f Ho un problema!
g Vuole un altro po' di torta?
h Noi abbiamo due figli, e voi?

1 Sì, grazie. Ne prendo un'altra fetta.
2 No, oggi non ne ho proprio voglia.
3 Veramente! Ma ne sei sicuro?
4 Noi ne abbiamo solo uno.
5 Ne vuoi parlare?
6 Oh, sì! Ne mangio molta quando sono depressa!
7 Ne beviamo almeno dieci al giorno!
8 Ne ha 42!

2. Wandeln Sie die Sätze um, indem Sie ne verwenden.

Bevo mezzo litro di latte al giorno. *Ne bevo mezzo litro al giorno.*
a Sì, sono contento del mio nuovo lavoro. ______
b Vuole un altro bicchiere di vino? ______
c Vorrei un chilo di pere. ______
d Sei convinto della tua decisione? ______
e Mio padre conosce alcuni miei amici. ______
f Nessuno parla di questa storia! ______

3. Vervollständigen Sie die Sätze mit ne und mit dem passenden Verb.

mangiare avere trovare comprare avere dire ~~essere~~ volere

Mio figlio ha un nuovo lavoro e *ne è* molto fiero.
a Quando vado al supermercato cerco sempre lo sherry, ma non ______ mai nemmeno una bottiglia!
b Signori, ho dell'ottimo prosciutto di Parma, ______ ?
c Mi puoi restituire la borsa? *(io)* ______ bisogno.
d La frutta non mi piace molto, ______ poca.
e Marta, se il fruttivendolo ha gli avocado, ______ un paio?
f Dobbiamo telefonare a Rita, ti ricordi? – Uffa, non ______ voglia!
g Ragazzi, domenica vogliamo andare a sciare? Che ______ ?

4. In welchen Sätzen sollten Sie ne gebrauchen? In welchen nicht? Ergänzen Sie, wo nötig.

a Hai la macchina? – Sì, ___ ho due!
b Ma quante sigarette fuma tuo padre? – ___ fuma due pacchetti al giorno!
c Basta con il calcio! ___ parlate da ore!
d Che belle fragole! ___ le compriamo?
e Hai notizie di Letizia? – Purtroppo non ___ so niente.
f Mio zio fa un vino eccellente. Io ___ lo bevo sempre volentieri.
g Ho bisogno di aiuto! – Scusa, ora non ho tempo. ___ possiamo parlare più tardi?

31 Chi è questa?

Wer ist die hier?

* Dummkopf

Questo (Adjektiv und Pronomen)

REGEL Questo *(dieser/-e/-es, das)* ist ein Demonstrativadjektiv und -pronomen.
Es kann entweder Substantive begleiten (als Adjektiv) oder sie ersetzen (als Pronomen).
Questo bezieht sich auf Sachen oder Personen, die sich sowohl zeitlich als auch räumlich in unmittelbarer Nähe des Sprechers befinden (im Unterschied zur größeren Entfernung bei quello → Kap. 32). In der Zahl und im Geschlecht richtet sich questo nach seinem Bezugswort. Eine mögliche deutsche Übersetzung für questo ist *das hier*, im Gegensatz zu quello, *das dort*.

Formen

	Singular	Plural
männlich	quest**o**	quest**i**
weiblich	quest**a**	quest**e**

Questo als Demonstrativadjektiv steht vor einem Substantiv.

Questo libro è molto interessante. *Dieses Buch ist sehr interessant.*
Chi è questa donna? *Wer ist diese Frau?*
Ti piacciono questi pantaloni a righe? *Gefällt dir diese gestreifte Hose?*
Queste scarpe sono troppo care! *Diese Schuhe sind zu teuer!*

! Vor Substantiven, die mit einem Vokal beginnen, können questo und questa auch mit Apostroph geschrieben werden: quest'orologio *(diese Uhr)*, quest'isola *(diese Insel)*. Die Pluralformen questi, queste werden hingegen nie apostrophiert: questi orologi *(diese Uhren)*, queste isole *(diese Inseln)*.

Questo als Demonstrativpronomen ersetzt ein Substantiv.

Questo libro è molto interessante. ➡ Questo è molto interessante.
Dieses Buch ist sehr interessant. *Das hier ist sehr interessant.*

Chi è questa donna? ➡ Chi è questa?
Wer ist diese Frau? *Wer ist die hier?*

Ti piacciono questi pantaloni a righe? ➡ Ti piacciono questi a righe?
Gefällt dir diese gestreifte Hose? *Gefällt dir die Gestreifte?*

Queste scarpe sono troppo care! ➡ Queste sono troppo care!
Diese Schuhe sind zu teuer! *Diese sind zu teuer!*

1. Ordnen Sie die Wörter dem passenden Feld zu.

aereo, maglione, sigarette, treno, festa, bicchieri, lingua, cani, industrie, amica

queste ________ ________

questi ________ ________

questa ________ ________ ________

questo ________ ________ ________

2. Vervollständigen Sie folgendes Schema.

Singular	Plural
questo signore	________ signori
________ signora	queste signore
________ albero	questi alberi
questa notizia	________ notizie
________ idea	queste idee
questo cameriere	________ camerieri

3. Bringen Sie die Wörter in die richtige Reihenfolge.

a per regalo te questo è

____.

b molto questa è pesante borsa

____!

c questa bella è sorpresa una

____!

d di pelle questi costano quanto

____?

e ti a quadri piacciono queste

____?

4. Ergänzen Sie die Sätze mit den Formen von questo und kreuzen Sie an, ob es sich um ein Adjektiv (A) oder ein Pronomen (P) handelt.

		A	P
a	________ spaghetti ai frutti di mare sono eccezionali! Come li fai?		
b	Perché porti ancora ________ vestito così vecchio?		
c	Vuole provare il cappotto nero? – No, vorrei provare ________ marrone.		
d	________ estate andiamo in vacanza a Cuba.		
e	________ albicocche sono proprio buone!		
f	Che belli gli occhiali di Dolce e Gabbana! – A me piacciono ________ di Gucci.		
g	Quale matita vuoi? – ________ blu.		
h	________ scarpe sono belle e comode.		

Quella è mia sorella!

Die da ist meine Schwester!

Quello (Adjektiv und Pronomen)

REGEL Quello *(jener/-e/-es; der / die / das dort)* ist wie questo im vorherigen Kapitel sowohl Demonstrativadjektiv als auch -pronomen. Im Gegensatz zu questo bezieht sich quello auf Sachen oder Personen, die weiter entfernt vom Sprecher sind. Quello richtet sich in Zahl und Geschlecht nach seinem Bezugswort.

Quello als Demonstrativadjektiv steht vor einem Substantiv. Seine Formen (quel, quell', quello, quella, quei, quegli, quelle) sind vom bestimmten Artikel abzuleiten.

	Singular		Plural	
männl.	il ragazzo ➡	quel ragazzo *der Junge da*	i ragazzi ➡	quei ragazzi *die Jungen da*
	l'albero ➡	quell'albero *der Baum da*	gli alberi ➡	quegli alberi *die Bäume da*
	lo studente ➡	quello studente *der Student da*	gli studenti ➡	quegli studenti *die Studenten da*
weibl.	la ragazza ➡	quella ragazza *das Mädchen da*	le ragazze ➡	quelle ragazze *die Mädchen da*
	l'isola ➡	quell'isola *die Insel da*	le isole ➡	quelle isole *die Inseln da*

Quello als Demonstrativpronomen ersetzt ein Substantiv und hat folgende Formen:

	Sing.	Plural
männl.	quell**o**	quell**i**
weibl.	quell**a**	quell**e**

Ti piace quel ragazzo? ➡ Quello è mio fratello.
Gefällt dir der Junge da? *Der da ist mein Bruder.*

La conosci quella ragazza? ➡ Quella è mia sorella.
Kennst du die junge Frau da? *Die da ist meine Schwester.*

Chi sono quei bambini? ➡ Quelli sono i figli di Marta.
Wer sind die Kinder da? *Die da sind die Söhne von Marta.*

Chi sono quelle bambine? ➡ Quelle sono le figlie di Gina.
Wer sind die Kinder da? *Die da sind die Töchter von Gina.*

! Sie haben bestimmt bemerkt: Die Formen von quello unterscheiden sich je nachdem, ob quello Adjektiv oder Pronomen ist.

1. Ordnen Sie die Wörter dem passenden Feld zu.

stadi · libri · etichette · armadio · casa · scarpe · spumante · bicchieri · signore · parco · olio · scherzo · spettacoli · giacca

quel	quell'	quello	quella	quei	quegli	quelle

2. Vervollständigen Sie folgendes Schema.

Singular	Plural
quella sorpresa	________ sorprese
________ emozione	quelle emozioni
quello zaino	________ zaini
quel gatto	________ gatti
________ nome	quei nomi
________ sport	quegli sport

3. Ergänzen Sie die Sätze mit quel, quell', quello, quella, quei, quegli oder quelle.

a Ti piace ________ bicicletta in esposizione? È una mountain bike.
b Vorrei provare ________ vestito che è in vetrina.
c ________ ragazzi li conosco. Non sono gli amici di Giacomo?
d Che ne dici di ________ zaino tutto colorato?
e Leggete ancora ________ storie di fantascienza?
f ________ orologio è molto bello, però è caro!
g Quanto costano ________ stivali?
h ________ orchidea è fantastica! La compro.

4. Adjektiv oder Pronomen? Ergänzen Sie die Sätze mit den passenden Formen von quello.

a Prendo la gonna verde e anche ________ a quadri.
b Vuoi il gelato al caffè o ________ al limone?
c ________ amica di Enrico è insopportabile! – Chi? Lucia?
d Quant'è brutto ________ tipo ... – ________ è mio cugino!
e Che carini ________ gatti! Mamma, me ne compri uno?
f Preferite i tortellini al prosciutto o ________ al formaggio?
g Vorrei provare ________ scarpe che sono in vetrina. – ________ nere?
h Posso vedere ________ orecchini con le perle?

33 Forse i bambini hanno tolto un pezzo …

Vielleicht haben die Kinder etwas abmontiert …

Passato prossimo: Formen

REGEL Das passato prossimo ist eine Zeitform der Vergangenheit, die mit dem deutschen Perfekt vergleichbar ist.
Das passato prossimo wird aus dem Präsens der Hilfsverben avere bzw. essere und dem Partizip Perfekt des Hauptverbs gebildet.

Beim passato prossimo mit avere bleibt das Partizip Perfekt unverändert.

Präsens von avere		**Partizip Perfekt**
(io)	ho	parlato
(tu)	hai	
(lui, lei, Lei)	ha	
(noi)	abbiamo	
(voi)	avete	
(loro)	hanno	

Beim passato prossimo mit essere hingegen wird das Partizip Perfekt in Geschlecht und Zahl dem Subjekt angeglichen.

Präsens von essere		**Partizip Perfekt**
(io)	sono	partito/-a
(tu)	sei	
(lui, lei, Lei)	è	
(noi)	siamo	partiti/-e
(voi)	siete	
(loro)	sono	

Forse i bambini hanno tolto un pezzo.
Vielleicht haben die Kinder etwas abmontiert.
Lia e Paolo hanno comprato un'auto.
Lia und Paolo haben ein Auto gekauft.

Rosa è andata a Londra l'anno scorso.
Rosa ist letztes Jahr nach London gefahren.
Laura e Carlo sono usciti insieme.
Laura und Carlo sind zusammen ausgegangen.

! Im Gegensatz zum Deutschen stehen im Italienischen das Hilfsverb und das Partizip Perfekt üblicherweise zusammen. Will man etwas verneinen, so stellt man non vor das Hilfsverb.
Pietro non è andato al lavoro oggi. *Pietro ist heute nicht in die Arbeit gegangen.*

Das Partizip Perfekt wird gebildet, indem an den Infinitivstamm der Verben auf -are, -ere und -ire die Endungen -ato, -uto, -ito angehängt werden.

guard**are**	➡	guard**ato**	*gesehen*
cred**ere**	➡	cred**uto**	*geglaubt*
sent**ire**	➡	sent**ito**	*gehört*

Viele Verben, meistens auf -ere, bilden das Partizip Perfekt unregelmäßig (→ Anhang):
z. B. chiudere ➡ chiuso *(geschlossen)*, togliere ➡ tolto *(weggenommen, abmontiert)* etc.

1. Ordnen Sie die Partizipien dem passenden Behälter zu.

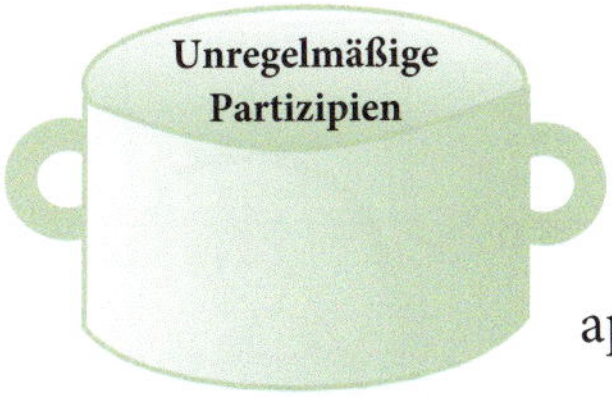

stato visto portato trovato pulito mosso preso ballato aperto caduto

2. Vervollständigen Sie folgendes Schema, vergleichen Sie bei Bedarf auch die Liste im Anhang.

Infinitiv	Partizip
cominciare	______
______	finito
______	rimasto
leggere	______
capire	______
______	vinto
perdere	______
______	andato

3. Setzen Sie die passende Endung des Partizips ein.

a Per la festa ho preparat__ un sacco di cose buone!
b Rocco e Cristina sono stat__ una settimana a Ibiza.
c Ieri Isabella è andat__ all'opera a vedere la Tosca.
d Abbiamo fatt__ uno scherzo a Romeo e lui si è arrabbiat__ molto.
e Mia figlia e la sua ragazza sono appena tornat__ dalla Grecia.
f Per la visita dei miei suoceri ho pulit__ tutta la casa!
g I figli di Vittorio e Tiziana sono nat__ negli Stati Uniti.
h Mimma, perché hai cambiat__ casa?

4. Setzen Sie die Verben ins passato prossimo, bei Bedarf schlagen Sie die Liste der unregelmäßigen Verben im Anhang nach.

Nina *(avere / rispondere)* ha risposto a tutte le domande.
a Donato, *(avere / superare)* ______ l'esame?
b Le mie amiche non *(essere / venire)* ______ a trovarmi né in clinica né a casa!
c Lo sai che Lina *(essere / uscire)* ______ con Renato?
d Giovedì scorso, al cinema, *(io / avere / ridere)* ______ tutto il tempo.
e Allora, ragazzi, come mai *(essere / tornare)* ______ così tardi ieri sera?
f Bruno ed Elvira *(avere / divorziare)* ______. – Davvero?
g Ludovico *(essere / andare)* ______ a trovare Lucia e lei non gli *(avere / offrire)* ______ nemmeno un caffè!

34 Sono tornata!

Ich bin zurück!

Passato prossimo: avere oder essere?

Im vorherigen Kapitel wurde die Bildung des passato prossimo behandelt. Nun folgen Angaben zum Gebrauch der Hilfsverben avere und essere.

REGEL Abgesehen von wenigen Ausnahmen werden die Hilfsverben avere und essere bei der Bildung des Perfekts im Italienischen genauso gebraucht wie im Deutschen.

Gebrauch von avere

Avere wird mit Verben verwendet, die ein direktes Objekt (Frage: wen oder was?) haben, z. B. guardare *(sehen)*, incontrare *(treffen)* etc.

Hai provato la nuova ricetta? *Hast du das neue Rezept ausprobiert?*

Non ho mai mangiato il sushi. *Ich habe nie Sushi gegessen.*

Gebrauch von essere

In den anderen Fällen wird essere verwendet:

- Bei Verben, die eine Bewegung ausdrücken: z. B. andare *(gehen)*, venire *(kommen)* etc.

! Achtung! Ausnahmen sind u. a. camminare *(laufen)*, nuotare *(schwimmen)*, sciare *(Ski laufen)*, deren passato prossimo mit avere gebildet wird.

Sono andata al mare. *Ich bin ans Meer gefahren.*

aber: Ieri ho sciato due ore! *Gestern bin ich zwei Stunden Ski gefahren.*

- Bei Verben, die einen Zustand oder die Veränderung eines Zustands ausdrücken: z. B. essere *(sein)*, stare *(liegen)*, rimanere *(bleiben)*, diventare *(werden)* etc.
  Perché sei rimasto a casa? *Warum bist du zu Hause geblieben?*
- Bei reflexiven Verben (im Unterschied zum Deutschen):
  Perché vi siete arrabbiati? *Warum habt ihr euch geärgert?*
- Bei unpersönlichen Verben: z. B. è accaduto / è successo *(es ist passiert)*, è sembrato *(es ist erschienen)*; und beim Verb piacere *(gefallen)*.
  La festa mi è piaciuta molto. *Die Party hat mir sehr gut gefallen.*

Die Modalverben (potere, dovere, volere) bilden das passato prossimo mit beiden Hilfsverben, je nachdem, ob das darauf folgende Verb (im Infinitiv) das passato prossimo mit avere oder essere bildet. Im Deutschen dagegen wird immer *haben* gebraucht.

Non ho potuto chiamare il meccanico. *Ich habe den Mechaniker nicht anrufen können.*

Luisa è dovuta uscire. *Luisa hat weggehen müssen.*

1. Ordnen Sie die Partizipien dem passenden Feld zu.

Ho capito, …	Sono uscito, …

capito, incontrato, guardato, caduto, venduto, partito, uscito, venuto, sentito, nato

2. Vervollständigen Sie die Sätze mit avere oder essere in der Präsensform und mit der passenden Endung des Partizips.

Che cosa *hai fatto* ieri sera, Piero?

a Sabato scorso *(noi)* _______ andat__ in pizzeria.
b Lisa, perché non mi _______ più scritt__ ?
c Sul Corriere della Sera *(io)* _______ lett__ un articolo molto interessante.
d Ragazzi, dove _______ stat__ domenica?
e Mi _______ accadut__ una cosa incredibile! – Ah, sì … E cosa?
f Le tue favole mi _______ piaciut__ molto.
g Al casinò Dino e Giorgio _______ pers__ duemila euro!

3. Wandeln Sie die Sätze ins passato prossimo um.

Rosa prepara un dolce.	*Rosa ha preparato un dolce.*
a Quest'anno Nadia si iscrive all'università.	L'anno scorso _______________
b I miei amici e io ci divertiamo molto.	Ieri _______________
c Ti piace il film?	_______________
d Non lavoro molto.	Oggi _______________
e La sera rimaniamo a casa.	Ieri sera _______________
f Devono comprare un regalo per un amico.	_______________
g Domani non posso uscire.	Ieri _______________
h Questo semestre Ian frequenta un corso d'italiano.	Lo scorso semestre _______________

4. Ergänzen Sie die Sätze mit dem passenden Verb im passato prossimo.

bere camminare organizzare trasferirsi abitare perdere succedere

Sonia e Mirco *hanno abitato* per tre anni a Ginevra.

a *(io)* Non _______ mai _______________ la piña colada. Com'è?
b Caterina, che brutta faccia! Che ti _______________ ?
c Per i diciotto anni Miriam _______________ una festa unica!
d Eliana, non abiti più a Torino? – No, _______________ a Bergamo l'anno scorso.
e Che bella passeggiata! *(noi)* _______________ tre ore!
f Scusa per il ritardo. *(io)* _______________ il treno.

35 Le ho trovate!

Ich habe sie gefunden!

Passato prossimo mit den Pronomen lo, la, li, le, ne

REGEL Wird das passato prossimo mit avere gebildet, endet das Partizip immer auf -o (→ Kap. 33).
Stehen aber vor dem Verb im passato prossimo die direkten Pronomen lo, la, li, le, dann muss die Endung des Partizips in Geschlecht und Zahl den Pronomen angeglichen werden.
Das gilt sowohl für die Pronomen lo, la, li, le (→ Kap. 23) als auch für die zusammengesetzten Pronomen me lo, me la, te li, gliele etc. (→ Kap. 25).

Abbiamo comprato **lo spumante**. ➡ **L'**abbiamo comprat**o**. *Wir haben ihn gekauft. (den Sekt)*
Ho mangiato **la pizza**. ➡ **L'**ho mangiat**a**. *Ich habe sie gegessen. (die Pizza)*
Avete chiamato **gli amici**? ➡ **Li** avete chiamat**i**? *Habt ihr sie angerufen? (die Freunde)*
Ho trovato **le chiavi**. ➡ **Le** ho trovat**e**. *Ich habe sie gefunden. (die Schlüssel)*
Mi ha prestato **la macchina**. ➡ **Me l'**ha prestat**a**. *Er hat es mir ausgeliehen. (das Auto)*
Ci ha raccontato molte **barzellette**. ➡ **Ce le** ha raccontat**e**. *Er hat sie uns erzählt. (die Witze)*

! Vor Vokalen werden sowohl lo als auch la mit Apostroph geschrieben, das gilt nicht für li und le.

Das Prinzip der Partizip-Angleichung gilt auch für das Pronominaladverb ne (*davon*, → Kap. 30), dabei wird das Partizip an das Wort angepasst, auf das sich ne bezieht. Die Angleichung ist üblich, aber nicht zwingend.

Ho mangiato solo un biscotto. ➡ **Ne** ho mangiat**o** solo **uno**.
Ich habe nur einen (Keks) gegessen.
Ho mangiato una fetta di torta. ➡ **Ne** ho mangiat**a** una **fetta**.
Ich habe ein Stück (Kuchen) gegessen.
Ho comprato alcuni vestiti. ➡ **Ne** ho comprat**i** **alcuni**.
Ich habe einige (Kleider) gekauft.
Ho bevuto due bottiglie di vino. ➡ **Ne** ho bevut**e** **due bottiglie**.
Ich habe zwei Flaschen (Wein) getrunken.

1. Verbinden Sie die linke mit der rechten Spalte.

a I vicini vengono alla festa? → 2
b Mamma, dove sono i giocattoli?
c Che belle queste rose!
d Avete comprato il vino?
e Hai del burro?
f Hai scritto la lettera?
g Ti piace questo quadro?
h Vuole un caffè?

1 Certo. L'ho anche spedita per mail.
2 No, non li ho invitati!
3 Oh, non le ho ancora messe nel vaso.
4 Mi dispiace, l'ho finito.
5 Sì, ne abbiamo prese tre bottiglie.
6 No, grazie. Ne ho già presi due.
7 Li ho messi in camera vostra.
8 Bello! Quando l'hai dipinto?

2. Ergänzen Sie die Sätze mit der passenden Endung des Partizips.

a Che bella collana! Te l'ha regalat__ Giorgio?
b I biglietti li avete prenotat__ , vero?
c Vuoi una sigaretta? – No, ne ho già fumat__ troppe oggi!
d Hai chiamato l'idraulico? – Sì, l'ho chiamat__ stamattina.
e Mirella e Tina? – Non le ho vist__ .
f Che belle scarpe! Dove le hai comprat__ ?
g La macchina l'ha pres__ Paolo.
h Questi libri me li ha prestat__ la professoressa.

3. Wandeln Sie die Sätze um, indem Sie lo, la, li, le oder ne verwenden.

Ho portato le gonne in lavanderia. *Le ho portate in lavanderia.*
a Ho pagato il conto con la carta di credito. ____________
b Dove avete parcheggiato la macchina? ____________
c Dove hai messo i documenti? ____________
d La signora Fini ha comprato due chili di peperoni. ____________
e Avete spento la luce? ____________
f Ho perso le chiavi. ____________
g Carlo ha bevuto solo un bicchiere di vino. ____________
h Non hanno chiuso il balcone. ____________

4. Vervollständigen Sie die Sätze mit den Verben im passato prossimo und mit lo, la, li, le, oder ne.

a Ieri Anna ha incontrato un'amica e *(accompagnare)* ____________ a casa.
b Vera e Lucia *(io / conoscere)* ____________ all'università.
c L'esame com'è andato? – Bene. *(io / superare)* ____________ .
d Ti va un gelato? – No, grazie. *(mangiare)* ______ già ______ uno.
e Vi è piaciuta la mostra? – Veramente *(vedere)* ____________ solo una parte.
f Senti, le coperte, dove *(tu / mettere)* ____________ ?
g Ragazzi, i piatti *(voi / lavare)* ____________ ?
h Il pranzo me *(offrire)* ____________ il mio collega.

Il numero con i leoni è già cominciato?

Hat die Nummer mit den Löwen schon angefangen?

Transitiver / Intransitiver Gebrauch einiger Verben im passato prossimo

Es gibt im Italienischen Verben, die sowohl transitiv als auch intransitiv gebraucht werden.

- **Transitiver Gebrauch** bedeutet, dass dem Verb ein direktes Objekt folgt.
  Marco comincia un nuovo lavoro.
  (un nuovo lavoro ➡ direktes Objekt)
  Marco fängt eine neue Arbeit an.
  Transitiv sind auch Verben, denen eine Infinitivkonstruktion folgt.
  Comincio a lavorare domani. (a lavorare ➡ Infinitivkonstruktion)
  Ich fange morgen an zu arbeiten.
- **Intransitiver Gebrauch** bedeutet, dass dem Verb kein direktes Objekt folgt.
  Il numero con i leoni comincia adesso. (kein direktes Objekt nach dem Verb)
  Die Nummer mit den Löwen fängt jetzt an.

Hier eine Auswahl von Verben, die transitiv oder intransitiv gebraucht werden: aumentare *(steigern, zunehmen)*, cambiare *(verändern, ändern, umtauschen)*, cominciare *(anfangen, beginnen)*, diminuire *(abnehmen)*, finire *(beenden)*, salire *(steigen)*, scendere *(absteigen)*.

REGEL Für diese Verben gilt folgende Besonderheit im passato prossimo (Perfekt):
Folgt dem Verb ein direktes Objekt oder eine Infinitivkonstruktion, wird das Hilfsverb avere verwendet. Das Partizip bleibt dabei unverändert und es endet immer auf -o (→ Kap. 33).
Ho cambiato la giacca. *Ich habe die Jacke umgetauscht.*
Marco ha appena cominciato a lavorare. *Marco hat gerade angefangen zu arbeiten.*
! Ho finito. *Ich bin fertig.*
In diesem Satz wird finire transitiv gebraucht, obwohl ein direktes Objekt fehlt.
Gemeint ist also: *Ich habe etwas beendet.*

Folgt dem Verb kein direktes Objekt, wird das Hilfsverb essere verwendet. Das Partizip wird in Geschlecht und Zahl dem Subjekt angeglichen (→ Kap. 33).
Il numero con i leoni è già cominciato? *Hat die Nummer mit den Löwen schon angefangen?*
Gabriella è cambiata molto. *Gabriella hat sich sehr verändert.*

Transitiver / Intransitiver Gebrauch einiger Verben im passato prossimo

1. Verbinden Sie die Satzteile.

a Il corso di francese	abbiamo	finito di lavorare tardi.
b Ieri Carla e io	hai	cominciato due giorni fa.
c Melania,	è	finito?
d Massimo	ha	cambiato la mia vita!
e Dopo l'incidente Serena	è	cambiata completamente.

2. Wandeln Sie die Sätze um, indem Sie das passato prossimo bilden.

Oggi finisco di lavorare all'una. — *Ieri ho finito di lavorare all'una.*

a Lo spettacolo comincia in ritardo. ____________

b Non scendete mai alla fermata giusta! ____________

c La direttrice mi aumenta lo stipendio. ____________

d Lorenzo cambia casa. ____________

e Nora, sali con l'ascensore? ____________

f Questa storia finisce male. Quella ____________

g Pioggia e vento diminuiscono lentamente. ____________

3. Ergänzen Sie die Sätze mit der Präsensform von avere oder essere und mit der passenden Endung des Partizips.

a I prezzi ________ aumentat__ . Lo dicono tutti!

b Ieri *(noi)* ________ finit__ tardi.

c Le tasse ________ diminuit__ . – Non ci credo proprio!

d Il prezzo della carne ________ aumentat__ .

e La festa ________ finit__ all'alba.

f Marisa ________ cambiat__ parrucchiere. – Si vede!

g Siete stati a Parigi e non ________ salit__ sulla Torre Eiffel?

h Ma perché *(tu)* ________ sces__ le scale di corsa?

4. Vervollständigen Sie die Sätze im passato prossimo mit den angegebenen Verben.

diminuire finire (2x) aumentare scendere cambiare cominciare (2x)

a Maurizio, vieni a giocare a pallone? – Non posso. Non ______ ancora __________ di fare i compiti.

b Quando gli ho parlato dell'aumento, *(lui)* ________________ argomento.

c Oggi mi sono svegliata tardi perché ieri sera il film ________________ a mezzanotte.

d Quando *(voi)* ________________ l'università?

e Adesso mi sento meglio perché il caldo ________________ .

f Che bello! Le vacanze ________________ finalmente!

g La benzina ________________ di nuovo? Ma è pazzesco!

h Sai che è successo a Gemma? Appena ________________ dal treno, le hanno rubato la valigia!

Lui è più giovane di lei!

Er ist jünger als sie!

Komparativ der Adjektive

* Sind sie ein Paar?

In diesem Kapitel geht es um Vergleiche.

REGEL **più / meno + Adjektiv + di / che**

Beim Vergleich von ungleichen Dingen oder Personen werden die Adverbien più *(mehr)* oder meno *(weniger)* verwendet. Sie stehen vor dem Adjektiv.
Oggi il tempo è più / meno bello! *Heute ist das Wetter schöner / weniger schön!*
Der Komparativ von buono und cattivo ist più buono / migliore bzw. più cattivo / peggiore.
Die Vergleichswörter di und che stehen vor dem zweiten Vergleichselement und entsprechen dem deutschen *als*. Die Wahl zwischen di oder che ist vom nachfolgenden Wort abhängig.

Man verwendet di (+ Artikel)

- vor Substantiven und Eigennamen sowie vor Pronomen;
  Trovo la pesca più noiosa **della caccia**. *Fischen finde ich langweiliger als die Jagd.*
  Bea e Rita sono meno versatili di **Valeria**. *Bea und Rita sind weniger vielseitig als Valeria.*
  Questa casa è più moderna di **quella**. *Dieses Haus hier ist moderner als das da.*
  Lui è più giovane di **me**. *Er ist jünger als ich.*
  Bei Personalpronomen werden ausschließlich die betonten Formen verwendet (→ Kap. 23).

Man verwendet che

- beim Vergleich von zwei Adjektiven oder Adverbien;
  Giampiero è più **intelligente** che **furbo**. *Giampiero ist eher intelligent als schlau.*
  È più indicato uscire **oggi** che **domani**. *Es ist besser, heute auszugehen als morgen.*
- vor Präpositionen und vor Verben im Infinitiv.
  Costa meno in treno che **con** l'auto. *Es ist billiger, mit dem Zug als mit dem Auto.*
  Preferisci più stare a casa che **uscire**! *Du bleibst lieber zu Hause, als auszugehen!*

! Adverbien bilden den Komparativ genauso wie Adjektive:
Lia si veste più / meno elegantemente *(Lia zieht sich eleganter / weniger elegant an).*
Der Komparativ von bene und male heißt meglio bzw. peggio.

REGEL **Adjektiv + come / quanto**

Beim Vergleich von ähnlichen bzw. gleichen Sachen oder Personen werden come oder quanto verwendet. Sie stehen nach dem Adjektiv und entsprechen dem deutschen *so … wie*.
Simona è simpatica come / quanto Pina. *Simona ist so sympathisch wie Pina.*

1. Setzen Sie di (mit oder ohne Artikel) oder che ein.

a Corrado fa ginnastica perché, secondo lui, è meno stancante ___ fare jogging.
b Angela vive a Londra. La vita lì è più cara ___ in Italia.
c Questo vocabolario online è più attuale ___ quell'altro.
d Ma è vero che le donne sono meno sincere ___ uomini?
e Come sempre Daniele agisce più istintivamente ___ razionalmente!
f Elisa e Laura sono simpatiche, ma Laura è sicuramente più affettuosa ___ Elisa.
g Il mio ragazzo è più geloso ___ me!
h Stefania è più intelligente ___ bella. Sei d'accordo?

2. Bilden Sie Sätze mit più / meno … di (mit oder ohne Artikel) / che.

Vittorio • essere preparato • te — più
Vittorio è più preparato di te.

a il computer • essere • utile • il tablet — più
______

b io • avere • una vita • eccitante • monotona — più
______

c essere • difficile • andare d'accordo con Mauro • con Tiziana — meno
______

d giocare a scacchi • essere • complicato • giocare a dama — più
______

e io • essere • fortunata • Patrizia — meno
______

3. Vergleichen Sie diese Personen. Ergänzen Sie die Sätze mit come oder mit più / meno … di.

Tommaso:	35 anni	1.80 m	capelli e occhi scuri	90 kg
Pietro:	37 anni	1.75 m	capelli e occhi scuri	80 kg
Alessia:	28 anni	1.65 m	bionda, occhi azzurri	52 kg
Giuliana:	28 anni	1.60 m	bionda, occhi scuri	48 kg

a Tommaso è ______ giovane ______ Pietro e ______ grande* ______ Alessia e Giuliana.
b Pietro è ______ basso ______ Tommaso e ______ alto ______ Alessia e Giuliana.
c Tommaso ha i capelli e gli occhi scuri ______ Pietro.
d Pietro pesa ______ di Tommaso, ma ______ di Alessia e Giuliana.
e Giuliana ha gli occhi scuri ______ Tommaso e Pietro ed è bionda ______ Alessia.
f Alessia ha 28 anni ______ Giuliana ed è ______ alta ______ lei.
g Giuliana è ______ bassa ______ Alessia e ______ magra ______ lei.

* Im Italienischen bezieht sich „grande" auf das Alter, „alto" auf die Körpergröße.

Il fatto è segretissimo.

Die Sache ist streng geheim.

Superlativ der Adjektive

REGEL Die höchste Steigerungsform des Adjektivs ist der Superlativ. Im Italienischen unterscheidet man zwischen dem relativen Superlativ (z. B. Luigi è il più simpatico dei colleghi. – *Luigi ist der sympathischste der Kollegen.*) und dem absoluten Superlativ (z. B. un collega simpaticissimo – *ein sehr sympathischer Kollege*).

Relativer Superlativ (il più ...)

Der relative Superlativ hebt etwas oder jemanden aus einer Gruppe von Sachen oder Personen heraus. Zwei Strukturen sind möglich:

bestimmter Artikel + più / meno + Adjektiv

Giancarlo è **il più / meno simpatico**. *Giancarlo ist der sympathischste / der am wenigsten sympathische.*

bestimmter Artikel + Substantiv + più / meno + Adjektiv

Questa è **la macchina più / meno cara**. *Dieses ist das teuerste Auto / das billigste Auto.*

Ist ein zu vergleichendes Objekt genannt, so wird es mit di *(von)* oder tra / fra *(von / unter)* eingeleitet.

Questa è la macchina meno cara **di / fra** tutte. *Dieses ist das billigste Auto von allen.*

Absoluter Superlativ (-issimo)

Der absolute Superlativ drückt einen sehr hohen bzw. den höchsten Grad einer Eigenschaft aus, setzt aber keinen Vergleich voraus. Zur Bildung fügt man die Nachsilbe -issimo/-a/-i/-e an den Stamm des Adjektivs an.

Il fatto è segret**issimo**. *Die Sache ist streng geheim.*

Rossana è una donna bell**issima**. *Rossana ist eine sehr schöne Frau.*

Den absoluten Superlativ kann man auch mit molto *(sehr)* oder assai *(sehr)* vor dem Adjektiv bilden sowie durch Wiederholung des Adjektivs.

Il dolce è **molto / assai** buono. *Der Kuchen ist sehr gut.*

Mi piace la mortadella **sottile sottile**. *Ich mag sehr dünne Mortadella.*

! Adverbien bilden den absoluten Superlativ, indem man -issimo an den Stamm anhängt: ben**issimo** *(sehr gut)*. Bei Adverbien auf -mente wird -issima- vor der Endung -mente angehängt: veloc**issima**mente *(sehr schnell)*. Der absolute Superlativ wird auch mit molto ausgedrückt: **molto** bene, **molto** velocemente.

1. Verbinden Sie die linke mit der rechten Spalte.

a Monica Bellucci è un'attrice → 3
b „Io non ho paura" è il romanzo
c Il Po è il fiume italiano
d I quadri metafisici di de Chirico sono
e La torre degli Asinelli è la più
f La Sicilia e la Sardegna sono le isole

1 interessantissimi.
2 alta delle torri di Bologna.
3 famosissima.
4 più grandi del Mediterraneo.
5 più lungo.
6 più famoso di Niccolò Ammaniti.

2. Vervollständigen Sie die Sätze mit den unten stehenden Angaben.

piccolo piccolo | meno caro | assai interessante | più brava | contentissima | velocissimo | forte forte | molto eleganti

a Ho bisogno di un caffè ________________ .
b Ho un appartamento ________________ .
c Mia figlia si sposa. Sono ________________ !
d Per la festa ho trovato dei pantaloni ________________ .
e Quest'articolo è ________________ . Chi l'ha scritto?
f Carmen è la ________________ della classe.
g Per andare da Napoli a Roma prendo il Frecciarossa, un treno ________________ .
h Questo è il negozio ________________ della città.

3. Wandeln Sie die Sätze um. Folgen Sie dem Beispiel.

Mimmo è simpatico.	*Mimmo è il più simpatico.*	*Mimmo è simpaticissimo.*
a Questo film è interessante.	________________	________________
b Rita, sei gentile!	________________	________________
c Questi esercizi sono difficili.	________________	________________
d È stata una bella giornata.	*È stata la giornata più bella.*	*È stata una giornata* ________________ .
e Luca è un ragazzo alto.	________________	________________
f I vicini hanno una casa ordinata.	________________	________________
g Ada e Tina sono studiose.	________________	________________

4. Ergänzen Sie die Sätze mit dem relativen Superlativ oder mit dem absoluten Superlativ (-issimo/-a/-i/-e). Benutzen Sie dabei die deutschen Angaben in Klammern.

a Michela è *(die hübscheste)* ________________ delle sorelle di Fernando.
b Attenzione! La zuppa è *(sehr heiß)* ________________ !
c Ho conosciuto *(den ältesten)* ________________ amico di mio padre.
d Oggi abbiamo avuto la giornata *(am wenigsten kalt)* ________________ dell'anno.
e Romeo, fai uno sport *(sehr gefährlich)* ________________ !
f Mi hanno regalato dei fiori *(stark duftend)* ________________ .

39 Il mio cane è un tesoro!
Mein Hund ist ein Schatz!

Possessivadjektive und -pronomen

REGEL Die besitzanzeigenden Wörter (Possessiva) *mein*, *dein* etc. werden auch Possessivadjektive bzw. -pronomen genannt. Sie richten sich in Geschlecht und Zahl nach dem jeweiligen Bezugswort und haben dieselben Endungen wie die Adjektive der ersten Gruppe (-o, -a, -i, -e) (→ Kap. 13).

! Im Gegensatz zum Deutschen werden die italienischen Possessivadjektive und -pronomen von bestimmten Artikeln begleitet.

Singular			
männlich		weiblich	
il mio	*mein*	la mia	*meine*
il tuo	*dein*	la tua	*deine*
il suo	*sein / ihr*	la sua	*seine / ihre*
il nostro	*unser*	la nostra	*unsere*
il vostro	*euer*	la vostra	*eure*
il loro	*ihr*	la loro	*ihre*

Plural			
männlich		weiblich	
i miei	*meine*	le mie	*meine*
i tuoi	*deine*	le tue	*deine*
i suoi	*seine / ihre*	le sue	*seine / ihre*
i nostri	*unsere*	le nostre	*unsere*
i vostri	*eure*	le vostre	*eure*
i loro	*ihre*	le loro	*ihre*

!
- In der Höflichkeitsform werden die Possessivadjektive und -pronomen normalerweise großgeschrieben. Für einzelne Personen verwendet man die Formen il Suo, la Sua, i Suoi, le Sue, für mehrere Personen il Vostro, la Vostra, i Vostri, le Vostre (selten auch il Loro, la Loro, i Loro, le Loro).
- Im Italienischen wird das Geschlecht des Besitzers nicht näher definiert, man unterscheidet nicht zwischen *sein* und *ihr*. La sua famiglia kann deshalb sowohl *seine Familie* als auch *ihre Familie* bedeuten.
- Die Form loro ist unveränderlich. In diesem Fall wird nur der Artikel an das Bezugswort angepasst: il loro amico *(ihr Freund)*, la loro amica *(ihre Freundin)*.

⇨ Possessiva können sowohl als Adjektive als auch als Pronomen gebraucht werden.
Possessivadjektive stehen vor dem Bezugswort.
Il **mio** cane è un tesoro. *Mein Hund ist ein Schatz.*
La **mia** macchina è una Fiat. *Mein Auto ist ein Fiat.*

Possessivpronomen ersetzen das Bezugswort.
Il mio cane è un tesoro, e il **tuo**? *Mein Hund ist ein Schatz, und deiner?*
La mia macchina è una Fiat, e la **tua**? *Mein Auto ist ein Fiat, und deines?*

1. Ergänzen Sie die Sätze mit der richtigen Endung des Possessivadjektivs und mit dem passenden Artikel.

a Martina non trova ___ su__ scarpe. Sai dove sono?
b ___ mi__ domestica si è licenziata. – E ora come fai?
c Guarda che ___ tuo__ pantaloni sono sporchi. – Hai ragione!
d ___ vostr__ casa è splendida. Complimenti!
e I signori D'Amelio vendono ___ lor__ barca. Vogliamo comprarla noi?
f Che noia! Passiamo ___ nostr__ tempo a giocare a carte!
g Giampaolo, ___ tuo__ amici sono proprio simpatici!
h Scusi, mi dà ___ Su__ numero di telefono?

2. Vervollständigen Sie die Sätze mit den passenden Possessivpronomen.

	Questa è la tua giacca?	*Sì, è la mia.*
a	Questa non è la moto di Vincenzo?	Sì, è ____________ .
b	No. Questo non è il nostro ombrello!	Ma certo, è ____________ !
c	L'appartamento appartiene a Marco e Tiziana?	No, non è ____________ .
d	Sei sicuro che i 20 euro sono i miei?	Sì, sì, sono proprio ____________ !
e	Il vostro regalo è bellissimo!	Guarda che non è ____________ !
f	Oggi devo lavare la biancheria.	Pure io. Se vuoi, lavo anche ____________ .
g	Queste sono le foto di Lina, vero?	Sì, sono ____________ .

3. Wandeln Sie die Sätze um. Folgen Sie dem Beispiel.

	Ha una macchina nuova.	*La sua macchina è nuova.*
a	Ho un problema serio.	____________
b	Hai un vestito molto elegante.	____________
c	Abbiamo una gatta furbissima!	____________
d	Bruno ha degli amici inglesi.	____________
e	Avete una villa a Beverly Hills?	____________
f	Hanno un giardino curatissimo!	____________
g	Ho dei vicini insopportabili!	____________

4. Vervollständigen Sie mit den Possessivadjektiven oder Possessivpronomen.

a Ieri abbiamo incontrato ____________ professore d'inglese del liceo. – Ah, sì! E dove?
b Prego, signori, questa è ____________ camera.
c Adoro Paolo Giordano. Ho letto tutti ____________ libri.
d Prendiamo il tuo motorino o ____________ ?
e Amo cucinare. ____________ lasagne sono speciali!
f Livio e Franco sono strani! Mi irrita soprattutto ____________ atteggiamento.
g Caterina scrive benissimo! Hai letto ____________ poesie?
h Perché usi sempre la mia penna? – Veramente non è ____________ !

40 Mia figlia e i miei nipoti sono andati al mare.

Meine Tochter und meine Enkelkinder sind ans Meer gefahren.

Possessivadjektive mit Verwandtschaftsbezeichnungen

REGEL Die Possessivadjektive (il mio, il tuo etc.) werden in der Regel von bestimmten Artikeln begleitet (→ Kap. 39). In Zusammenhang mit Verwandtschaftsbezeichnungen werden jedoch im Singular die vorangestellten Artikel weggelassen, außer bei loro *(ihr)*.

Mia figlia e i miei nipoti sono andati al mare. *Meine Tochter und meine Enkelkinder sind ans Meer gefahren.*

Il loro zio viene da Ravenna. *Ihr Onkel kommt aus Ravenna.*

Singular männlich			
mio	padre	*mein*	*Vater*
tuo		*dein*	
suo		*sein / ihr*	
nostro		*unser*	
vostro		*euer*	
il loro		*ihr*	

Singular weiblich			
mia	madre	*meine*	*Mutter*
tua		*deine*	
sua		*seine / ihre*	
nostra		*unsere*	
vostra		*eure*	
la loro		*ihre*	

Plural männlich			
i miei	figli	*meine*	*Söhne / Kinder*
i tuoi		*deine*	
i suoi		*seine / ihre*	
i nostri		*unsere*	
i vostri		*eure*	
i loro		*ihre*	

Plural weiblich			
le mie	figlie	*meine*	*Töchter / Kinder*
le tue		*deine*	
le sue		*seine / ihre*	
le nostre		*unsere*	
le vostre		*eure*	
le loro		*ihre*	

! In folgenden Fällen wird der bestimmte Artikel auch in Verbindung mit Verwandtschaftsbezeichnungen gebraucht:

- im Plural: i miei figli *(meine Kinder)*, i nostri suoceri *(unsere Schwiegereltern)*
- bei loro sowohl im Singular als auch im Plural: il loro padre *(ihr Vater)*, i loro nonni *(ihre Großeltern)*
- bei Verkleinerungsformen und Koseformen: il nostro fratellino *(unser Brüderchen)*, la vostra cuginetta *(euer Cousinchen)*, il tuo papà *(dein Vati)*, la tua mamma *(deine Mutti)*
- bei Bezeichnungen wie il mio ragazzo / la mia ragazza *(mein Freund / meine Freundin)*, il mio fidanzato / la mia fidanzata *(mein Verlobter / meine Verlobte)*

1. Ordnen Sie die Wörter dem passenden Feld zu.

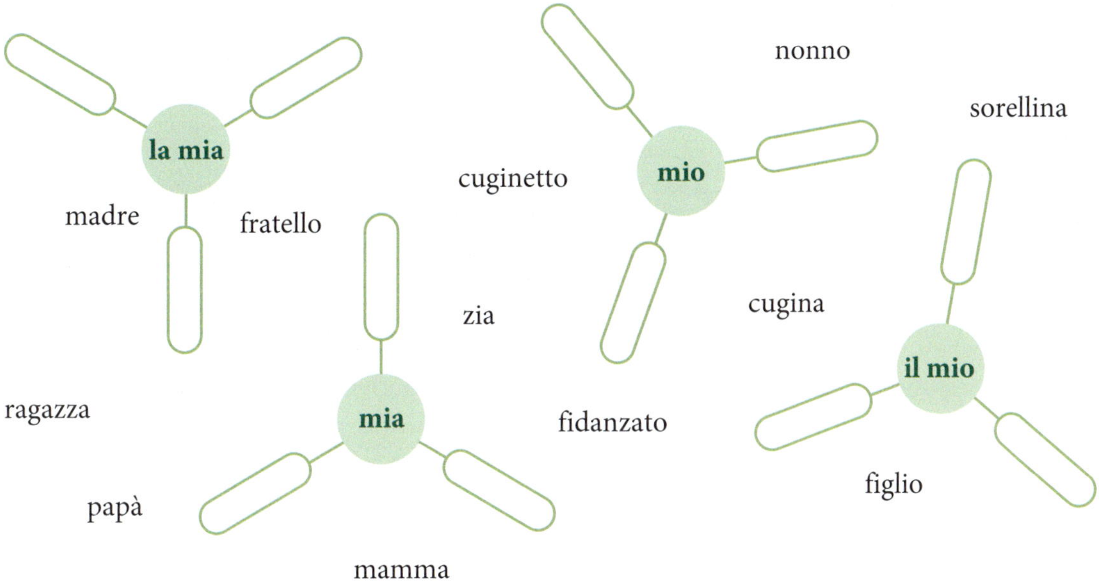

2. Ergänzen Sie die Sätze mit der richtigen Endung der Possessivadjektive und setzen Sie, wo nötig, den bestimmten Artikel ein.

a Perché non vai d'accordo con ____ tuo__ genitori?
b ____ mi__ ragazzo e io ci siamo conosciuti in Grecia l'anno scorso.
c ____ su__ cugina lavora in un centro di estetica.
d Che bella bambina! Chi è? – È ____ mi__ sorellina.
e Ah, questi sono ____ vostr__ nonni!
f Sai, ____ mi__ figlio si è lasciato con ____ su__ fidanzata. – Come mai?
g Allora, com'è ____ tu__ suocera? – No comment!
h Domani vado a trovare ____ mi__ zio. Vuoi venire con me?

3. Vervollständigen Sie die Sätze mit den Possessivadjektiven und, wo nötig, mit dem bestimmten Artikel.

a Alessandro porta ________ ragazza alla festa sabato?
b Ragazzi, quando tornano ________ genitori dalle vacanze?
c Ehi, Davide, chi è questa nella foto? – ________ cugina.
d L'anno scorso siamo andati a trovare ________ zii che vivono a Detroit.
e Barbara, dov'è ________ fratellino? – A scuola.
f Lo sai che Flora e Mauro vivono con ________ nonni?
g Dottoressa Vinciguerra, come sta ________ marito? – Meglio, grazie.
h Per andare al concerto devo chiedere il permesso a ________ padre.

41 Hai mangiato tutti i miei cioccolatini!

Du hast meine ganzen Pralinen aufgegessen!

Indefinitadjektive und -pronomen

REGEL Indefinitadjektive und -pronomen beschreiben oder ersetzen nicht näher bestimmte Personen oder Sachen.

Tutto/-a/-i/-e *(all-, ganz)* steht als Adjektiv vor einem Substantiv und wird von bestimmten Artikeln (il, la, lo etc.) oder Demonstrativadjektiven (questo, quello etc.) begleitet. Oder es wird als Pronomen ohne weitere Begleitwörter verwendet.

Hai mangiato tutti i miei cioccolatini! (Adj.) *Du hast meine ganzen Pralinen aufgegessen!*
Conosci tutte queste persone? (Adj.) *Kennst du alle diese Leute?*
Ho perso tutto! (Pron.) *Ich habe alles verloren!*

Alcuni/-e und **qualche** *(einige)* haben die gleiche Bedeutung.

- Alcuni/-e begleitet Substantive im Plural, stimmt mit deren Geschlecht überein und wird als Adjektiv oder Pronomen gebraucht.
  Ho alcuni amici / alcune amiche a Firenze. (Adj.)
  Ich habe einige Freunde / Freundinnen in Florenz.
  Ne ho alcuni. (Pron.) *Ich habe einige (davon).*
- Qualche begleitet Substantive im Singular. Die Form ist unveränderlich und wird ausschließlich als Adjektiv verwendet.
  Ho qualche amico / qualche amica a Firenze.
  Ich habe einige Freunde / Freundinnen in Florenz.

Ogni *(jed-)* steht immer im Singular, ist unveränderlich und wird nur als Adjektiv verwendet.
Faccio sport ogni giorno. *Ich treibe jeden Tag Sport.*
Usciamo ogni sera. *Wir gehen jeden Abend aus.*

Altro *(andere)*, **molto** *(viel)*, **tanto** *(viel)*, **troppo** *(zu viel)* und **poco** *(wenig)* verhalten sich wie die Gruppe der Adjektive mit vier Endungsformen (-o,-a,-i,-e) (→ Kap. 13). Sie werden als Adjektive und Pronomen verwendet.

Cerco un altro appartamento. (Adj.) *Ich suche eine andere Wohnung.*
Mangiamo molta frutta. (Adj.) *Wir essen viel Obst.*
Hai tanti vestiti? (Adj.) – Ne ho troppi! (Pron.) *Hast du viele Kleider? – Ich habe zu viele (davon).*
Conosco poche poesie. (Adj.) *Ich kenne wenige Gedichte.*

1. Kreuzen Sie die richtige Form an.

a ... dicono che sono bella!
- ☐ Tutti
- ☐ Ogni

b ... anno vado una settimana in Italia.
- ☐ Ogni
- ☐ Altro

c Mio marito beve ... birra.
- ☐ tutta
- ☐ molta

d Allo spettacolo c'erano ... persone.
- ☐ poche
- ☐ qualche

e Livio ha ... animali.
- ☐ ogni
- ☐ tanti

f ... volta gioco a tennis.
- ☐ Qualche
- ☐ Troppa

2. Wandeln Sie die Sätze um, indem Sie alcuni/-e oder qualche verwenden.

Ho alcuni amici. → *Ho qualche amico.*

a Alcune volte andiamo al ristorante cinese.

____

b Alla sfilata ho conosciuto qualche modella.

____

c Vittorio possiede qualche oggetto d'antiquariato.

____

d Mirco ha alcuni clienti in Olanda.

____

3. Ergänzen Sie die Sätze mit tutto/-a/-i/-e und setzen Sie, wo nötig, den passenden bestimmten Artikel.

a Per il matrimonio ____________ parenti ci hanno regalato dei soldi per la luna di miele.
b Hai preparato ____________ per il viaggio?
c Che devi fare con ____________ queste penne?
d Ieri portavo un cappello molto originale e ____________ gente mi guardava!
e Hai mangiato ____________ fragole? – Sì, le ho mangiate ____________ !

4. Vervollständigen Sie die Sätze mit den unten stehenden Indefinitadjektiven und -pronomen.

altro poche troppa tutti ogni tanti

a Mamma mia, mangi ____________ cioccolata. Ti fa male!
b Giacomo e Ilaria hanno ____________ soldi, eppure sono infelici.
c Ti svegli ____________ mattina alle sei! E perché?
d Lo sai che Emilio ha trovato un ____________ lavoro?
e Patrizia è sempre gentile con ____________ .
f Puoi comprarmi delle sigarette? Me ne sono rimaste ____________ .

42 E lei, chi è?

Und wer ist sie?

Fragewörter (chi?, quale?, quanto? . . .)

REGEL Fragewörter werden gebraucht, um Fragen einzuleiten. Im Folgenden sind die wichtigsten italienischen Fragewörter aufgelistet.

chi? *wer? / wen?*	E lei, chi è? *Und wer ist sie?*
che cosa? / cosa? *was?*	Che cosa mangi? *Was isst du?*
che + Substantiv? *welcher/-e/-es?, was für ein/-e?*	Che sigarette fumi? *Welche Zigaretten rauchst du?*
come? *wie?*	Come si chiama? *Wie heißen Sie? / Wie heißt er / sie?*
perché? *warum?*	Perché piangete? *Warum weint ihr?*
dove? *wo? / wohin?*	Dove vai? *Wohin gehst du?*
da dove? / di dove? *woher?*	Di dove sono? *Woher sind sie?*
quando? *wann?*	Quando tornate? *Wann kommt ihr zurück?*

quale? / quali? *welcher/-e/-es?, was für ein/-e?*

Quale hat eine Form für den Singular und eine für den Plural. Es kann als Adjektiv und als Pronomen gebraucht werden. Vor der Verbform è *(er / sie / es ist)* wird quale zu qual verkürzt.

Quale gonna compro? (Adj.) *Welchen Rock kaufe ich?*

Ho tanti fiori. Quali preferisci? (Pron.) *Ich habe viele Blumen. Welche möchtest du?*

Qual è la tua macchina? *Welches ist dein Auto?*

quanto/-a/-i/-e? *wie viel?*

Quanto hat vier Formen, die sich nach Geschlecht und Zahl unterscheiden. Es kann als Adjektiv und als Pronomen gebraucht werden.

Quanto pane compro? (Adj.) *Wie viel Brot kaufe ich?*

Vorrei delle pere. – Quante ne vuole? (Pron.) *Ich möchte Birnen. – Wie viele möchten Sie?*

! Chi, che cosa / cosa, che, quale, quanto können auch mit einer Präposition verwendet werden.

Con chi esci? *Mit wem gehst du aus?*

A cosa pensi? *Woran denkst du?*

1. Kreuzen Sie das richtige Fragewort an.

a Con ... parli?
- chi
- dove

b ... cappello ti piace di più? Questo o quello?
- Che cosa
- Quale

c ... partite per le vacanze?
- Quanto
- Quando

d ... libri leggi all'anno?
- Quanti
- Perché

e ... sono i tuoi amici?
- Di dove
- Quando

f A ... anni hai cominciato a studiare pianoforte?
- quali
- quanti

2. Vervollständigen Sie die Sätze mit den Formen von quanto oder quale.

a Scusi, ________________ costa questo cappotto? – 375 euro.
b ________________ bicchieri usiamo? Quelli a calice?
c Da ________________ anni vi conoscete? – Da almeno dieci anni!
d ________________ uova hai comprato? – Sei, come al solito.
e ________________ tavolo preferite? Questo qui o quello vicino alla finestra?
f ________________ è la tua macchina? Quella nera lì in fondo?

3. Setzen Sie das richtige Fragewort ein. Achtung! In einigen Fällen muss man auch die dazu passende Präposition verwenden.

a __________ numero di scarpe porti? – Porto il 38.
b __________ sei così triste? – È morto il gatto!
c __________ mandi tutti questi sms? – Al mio ragazzo che studia a Pisa.
d __________ lavoro fa? – Sono ingegnere.
e __________ sono gli spaghetti alla carbonara? – Buoni!
f __________ avete parlato tutto il tempo? – Con due compagne di scuola.

4. Stellen Sie die passenden Fragen zu folgenden Antworten.

(Lei) *Come si chiama?* — Ludovico Sarti.
a *(tu)* ________________ — Ho 27 anni.
b ________________ — Siamo stati all'isola d'Elba.
c *(tu)* ________________ — Ho comprato una gonna a fiori.
d ________________ — Eravamo solo dieci.
e *(Lei)* ________________ — Vengo dalla Germania.
f *(tu)* ________________ — Il mio film preferito è „La vita è bella".
g ________________ — Parlano tre lingue.
h ________________ — Susanna va da sua zia.

Wählen Sie die richtige Form.

ci und ne

1. Mamma va in farmacia oggi? – Sì, ... va più tardi.
   a) ci
   b) —
2. Cosa facciamo domenica? – ... andiamo al mare!
   a) Ci
   b) —
3. Ha delle uova? – Quante ... vuole?
   a) ci
   b) ne
4. Vi piace la mia nuova macchina? Che ... dite?
   a) ne
   b) —

questo und quello

5. ... camicia è troppo grande per me.
   a) Questa
   b) Questo
6. Vuole provare le scarpe rosse? – No, vorrei provare ... verdi.
   a) questi
   b) queste
7. Lo conosci quel signore? - ... è mio padre.
   a) Quello
   b) Quel
8. Che belli ... stivali!
   a) quegli
   b) quelli

passato prossimo

9. Ieri Patrizia ... con Salvatore.
   a) è uscito
   b) è uscita
10. Domenica scorsa abbiamo ... una gita in barca.
    a) fatti
    b) fatto
11. Dove ... stati in vacanza?
    a) avete
    b) siete
12. Ieri sera ... visto un film.
    a) sono
    b) ho
13. Alberto si ... divertito molto!
    a) è
    b) ha
14. Hai comprato la carne? – Sì, l'ho ... .
    a) comprato
    b) comprata
15. Le piace questo vino? – Sì, ne ho già ... due bicchieri.
    a) bevuti
    b) bevute
16. Quando ... cominciato il film?
    a) ha
    b) è
17. Ragazzi, ... finito?
    a) siete
    b) avete

Komparativ und Superlativ der Adjektive

18. Secondo me andare in bicicletta è più divertente ... andare in moto.
    a) di
    b) che
19. Questo pullover di lana è meno caldo ... quello sintetico.
    a) di
    b) che

20. Miriam è … della famiglia.
    a) intelligentissima
    b) la più intelligente

21. Ho letto un libro … .
    a) interessantissimo
    b) il più interessante

Possessivadjektive und -pronomen

22. Alberto ha tanti amici. I … amici sono molto simpatici.
    a) suoi
    b) suo

23. … casa è grandissima.
    a) La loro
    b) I loro

24. Queste sono le mie scarpe, … sono lì.
    a) le tue
    b) i tuoi

25. … nonni abitano in campagna.
    a) I miei
    b) Miei

26. Come si chiama … marito?
    a) il tuo
    b) tuo

Indefinitadjektive und -pronomen

27. Alfredo, hai fatto … compiti?
    a) tutti i
    b) tutti

28. Ho qualche … negli Stati Uniti.
    a) amici
    b) amico

Fragewörter

29. … vestito compro per il matrimonio?
    a) Quale
    b) Quali

30. … pensi?
    a) Chi
    b) A chi

Lust auf noch mehr Tests?

Dann ab ins Netz und weitermachen:
https://go.hueber.de/power-grammatik/italienisch

Vergleichen Sie nun Ihre Lösungen mit dem Schlüssel auf S. 156. Wenn Sie Aufgaben nicht richtig gelöst haben, wiederholen Sie noch einmal das betreffende Kapitel. Diese Tabelle zeigt Ihnen, auf welches Kapitel sich die einzelnen Aufgaben beziehen.

Aufgabe	Kapitel	Aufgabe	Kapitel	Aufgabe	Kapitel	Aufgabe	Kapitel	Aufgabe	Kapitel
1	29	7	32	13	34	19	37	25	40
2	29	8	32	14	35	20	38	26	40
3	30	9	33	15	35	21	38	27	41
4	30	10	33	16	36	22	39	28	41
5	31	11	34	17	36	23	39	29	42
6	31	12	34	18	37	24	39	30	42

43 Tu non c'eri.

Du warst nicht da.

Imperfetto: Formen

Neben dem passato prossimo (→ Kap. 33, 34) gibt es im Italienischen eine andere sehr gebräuchliche Vergangenheitsform, das imperfetto (Imperfekt). Es wird hauptsächlich verwendet, um Zustände sowie Vorgänge in der Vergangenheit zu beschreiben, die gewohnheitsmäßig oder von unbestimmter Dauer sind (mehr über den Gebrauch → Kap. 44).

REGEL Das imperfetto wird gebildet, indem man an den Verbstamm folgende Endungen anfügt:

-are	-ere	-ire		**giocare** *spielen*	**volere** *wollen*	**venire** *kommen*
-avo	-evo	-ivo	(io)	gioc**ạvo**	vol**ẹvo**	ven**ịvo**
-avi	-evi	-ivi	(tu)	gioc**ạvi**	vol**ẹvi**	ven**ịvi**
-ava	-eva	-iva	(lui, lei, Lei)	gioc**ạva**	vol**ẹva**	ven**ịva**
-avamo	-evamo	-ivamo	(noi)	gioc**avạmo**	vol**evạmo**	ven**ivạmo**
-avate	-evate	-ivate	(voi)	gioc**avạte**	vol**evạte**	ven**ivạte**
-avano	-evano	-ivano	(loro)	gioc**ạvano**	vol**ẹvano**	ven**ịvano**

Da bambini giocavamo sempre insieme. *Als kleine Kinder spielten wir immer zusammen.*
Il pesce lo volevo cucinare la settimana scorsa. *(Den) Fisch wollte ich letzte Woche kochen.*
La domenica venivano sempre i miei zii a pranzo. *Sonntags kamen immer mein Onkel und meine Tante zum Mittagessen.*

Unregelmäßige Verben
Es gibt wenige Verben mit einer unregelmäßigen Bildung des imperfetto. Dabei ändert sich nur der Verbstamm, die Endungen bleiben erhalten. Die wichtigsten unregelmäßigen Verben sind:

	bere *trinken*	**dire** *sagen*	**essere** *sein*	**fare** *machen, tun*
(io)	bevẹvo	dicẹvo	ẹro	facẹvo
(tu)	bevẹvi	dicẹvi	ẹri	facẹvi
(lui, lei, Lei)	bevẹva	dicẹva	ẹra	facẹva
(noi)	bevevạmo	dicevạmo	eravạmo	facevạmo
(voi)	bevevạte	dicevạte	eravạte	facevạte
(loro)	bevẹvano	dicẹvano	ẹrano	facẹvano

Tu non c'eri. *Du warst nicht da.*
Da giovane Marco faceva molto sport. *Als Marco jung war, trieb er viel Sport.*

1. Ordnen Sie die Verbformen in die richtige Spalte ein.

leggeva • dormivi • facevano • si alzavano • guardava • parlavi • dicevo • uscivano • partivo • dovevamo • capivano • scrivevate • ti lavavi • bevevamo • sapevi • avevate

io	tu	lui / lei / Lei	noi	voi	loro

2. Vervollständigen Sie die Tabelle mit den fehlenden Verbformen.

cantare	prendere	salire
cantavo	________	________
________	prendevi	________
cantava	________	________
________	________	salivamo
________	________	salivate
________	prendevano	________

3. Vervollständigen Sie die Sätze mit den unten stehenden Verbformen.

seguivate eravamo lavoravo facevi andavamo beveva mettevano finivi

a Prima ________ in banca, ora lavoro in proprio.
b Da bambini ________ sempre al mare in Spagna, sulla Costa Brava.
c A pranzo mio padre ________ sempre un bicchiere di vino.
d Federica e io ________ molto amiche ai tempi del liceo.
e I miei fratelli non ________ mai in ordine la loro camera.
f Perché non ________ i corsi all'università?
g Pino, a che ora ________ di studiare, quando andavi all'università?
h E tu che cosa ________ il fine settimana?

4. Ergänzen Sie mit der passenden Verbform im imperfetto.

a Per andare in ufficio mio padre *(dovere)* ________ prendere il treno.
b La sera, prima di dormire, mia madre ci *(raccontare)* ________ una favola.
c Quando eravate piccoli, *(mangiare)* ________ la verdura?
d Prima non *(noi / andare)* ________ mai al cinema.
e All'università Renato e Franco *(vivere)* ________ insieme ad altri tre studenti.
f Prima *(io / uscire)* ________ raramente.
g Lucio, *(fare)* ________ sport da ragazzo?
h Da giovane *(io / divertirsi)* ________ moltissimo con i miei amici.

44 Mi regalava sempre rose rosse.

Er hat mir immer rote Rosen geschenkt.

Imperfetto und passato prossimo: Gebrauch

Der Unterschied im Gebrauch von passato prossimo und imperfetto ist nicht immer leicht auszumachen. Folgende kontrastive Gegenüberstellung ist dabei hilfreich.

REGEL Das **imperfetto** wird verwendet,

- um Personen und Dinge sowie Zustände in der Vergangenheit zu beschreiben;
  Era una donna bella e intelligente. *Sie war eine schöne und intelligente Frau.*
  Faceva freddo e pioveva. *Es war kalt und es regnete.*
  In chiesa non c'era nessuno. *In der Kirche war niemand.*
- um Handlungen von unbestimmter Dauer zu beschreiben;
  Abitavamo in un piccolo paese di provincia. *Wir wohnten in einem kleinen Dorf in der Provinz.*
- um Vorgänge auszudrücken, die sich wiederholen oder gewohnheitsmäßig ablaufen;
  Quando studiavo all'università, andavo spesso in Inghilterra. *Als ich an der Uni studierte, bin ich oft nach England gefahren.*
  Mi regalava sempre rose rosse. *Er hat mir immer rote Rosen geschenkt.*
- wenn mehrere Handlungen gleichzeitig ablaufen.
  Mentre facevo la doccia, ascoltavo la musica. *Während ich duschte, habe ich Musik gehört.*

REGEL Das **passato prossimo** verwendet man hingegen in folgenden Fällen:

- bei abgeschlossenen Vorgängen der Vergangenheit;
  Abbiamo abitato due anni a Roma. *Wir haben zwei Jahre in Rom gewohnt.*
- bei Handlungen, die einmalig sind oder aufeinanderfolgen.
  Una volta mi ha addirittura regalato un anello! *Einmal hat er mir sogar einen Ring geschenkt!*
  Siamo tornati a casa, abbiamo preparato la cena e poi abbiamo guardato la TV. *Wir sind nach Hause gekommen, haben das Abendessen zubereitet und haben dann ferngesehen.*

! Ist eine Handlung noch nicht abgeschlossen, während eine weitere Handlung eintritt, verwendet man das imperfetto für die erste nicht abgeschlossene Handlung, das passato prossimo für die hinzutretende Handlung.

Mentre facevo la doccia, nicht abgeschlossene Handlung	hanno bussato alla porta. neu hinzutretende Handlung	*Während ich duschte, hat es an die Tür geklopft.*

1. Ergänzen Sie den Text mit den rechts stehenden Verbformen.

Breve storia di Manuele
Da piccolo Manuele __________ un bambino vivacissimo. Dopo la scuola, tutti i pomeriggi, __________ a calcio con gli amici del quartiere. Poi, insieme alla mamma, __________ i compiti. Quando il papà __________ dall'ufficio, __________ insieme oppure __________ delle favole. Quando però era ora di andare a dormire, Manuele __________ a piangere e a gridare perché non __________ mai stanco. Una sera i suoi genitori disperati lo __________ nella sua camera. Allora Manuele __________ sul letto e __________ a saltare su e giù, tanto che alla fine il letto __________ . Quella sera Manuele __________ sul pavimento! Dato che il pavimento __________ duro, la mattina dopo Manuele __________ stanchissimo. Da quel giorno Manuele __________ sempre a dormire senza fare tante storie.

giocava · è andato · era · hanno chiuso · era · tornava · giocavano · cominciava · era · faceva · è salito · si sentiva · ha cominciato · si è rotto · ha dormito · leggevano

2. Imperfetto oder passato prossimo? Unterstreichen Sie die richtige Verbform.

a Chi c'è stato / c'era alla festa? – Non lo so. Non ci sono andato / ci andavo.
b Da ragazzo Luigi ha portato / portava gli occhiali. Adesso ha le lenti a contatto.
c Mentre ho aspettato / aspettavo il treno, ho incontrato / incontravo un vecchio amico di scuola.
d Nel 2018 siamo stati / eravamo in vacanza in Tailandia.
e Prima Laura e Giulio hanno abitato / abitavano a Torino, al centro. L'anno scorso hanno comprato / compravano una villa in campagna.
f Sofia è stata / era una ragazza molto timida, infatti a scuola non ha parlato / parlava mai!
g Mentre il papà ha preparato / preparava la cena, i bambini hanno fatto / facevano i compiti.
h Domenica scorsa abbiamo fatto / facevamo una gita al lago e poi la sera siamo andati / andavamo a ballare.

3. Vervollständigen Sie den Dialog. Setzen Sie die Verben ins imperfetto oder passato prossimo.

▲ Ciao, Valeria! Allora, come *(passare)* ______________ le vacanze?
● Bene, bene! Dunque, ti racconto: la mattina *(alzarsi)* ______________ di solito verso le dieci, *(vestirsi)* ______________ e *(scendere)* ______________ a fare colazione. Poi *(andare)* ______________ in spiaggia.
▲ E il pomeriggio che *(fare)* ______________ ?
● Ogni giorno qualcosa di diverso: una volta *(fare)* ______________ una gita ad Amalfi, un'altra volta *(visitare)* ______________ Pompei ...
▲ Ah, bello ... E la sera?
● Beh, prima *(cenare)* ______________ al ristorante dell'albergo e poi *(fare)* ______________ una passeggiata sul lungomare, *(mangiare)* ______________ un gelato ...
▲ Una vacanza rilassante!

Modalverben, sapere und conoscere im imperfetto und passato prossimo

REGEL Die Bedeutung der Modalverben volere, dovere und potere ändert sich, je nachdem, ob sie im imperfetto oder passato prossimo gebraucht werden.
Im imperfetto ist der Handlungsverlauf hypothetisch und kontextbedingt, im passato prossimo dagegen geht man von einer tatsächlich stattgefundenen Handlung aus.

Dovevo andare dal dottore.
Ich hätte zum Arzt gehen müssen.
(Es ist unklar, ob er / sie hingegangen ist.)

Sono dovuto andare dal dottore.
Ich musste zum Arzt gehen.
(Er / Sie ist hingegangen.)

Potevamo vedere il film su Rai uno.
Wir hätten den Film auf Rai uno sehen können.
(Es ist nicht klar, ob sie den Film gesehen haben.)

Abbiamo potuto vedere il film su Rai uno.
Wir konnten den Film auf Rai uno sehen.
(Sie haben den Film gesehen.)

Ti volevo chiamare ma non ho avuto tempo.
Ich wollte dich anrufen, aber ich habe keine Zeit gehabt. (Er / Sie hat nicht angerufen.)

Ti ho voluto chiamare subito.
Ich habe dich sofort anrufen wollen.
(Er / Sie hat angerufen.)

! Das Verb volere kann im imperfetto auch Folgendes ausdrücken:

- eine höfliche Bitte;
  Volevo un'informazione. *Ich hätte gerne eine Auskunft.*
- einen Wunsch oder eine Absicht.
  Luigia voleva fare un corso di francese. *Luigia hatte vor, einen Französischkurs zu machen.*

Auch sapere und conoscere ändern ihre Bedeutung, je nachdem, ob sie im imperfetto oder passato prossimo gebraucht werden:
sapere bedeutet im imperfetto *wissen*, im passato prossimo *erfahren*;
conoscere bedeutet im imperfetto *kennen*, im passato prossimo *kennenlernen*.

Lo sapevi che si possono comprare gli alberi di Natale online?
Wusstest du, dass es möglich ist, Weihnachtsbäume online zu kaufen?

Ho saputo che ti sei laureato.
Ich habe erfahren, dass du dein Studium abgeschlossen hast.

Conoscevo già Marta.
Ich kannte Marta schon.

Ho conosciuto Marta all'università.
Ich habe Marta an der Universität kennengelernt.

Modalverben, *sapere* und *conoscere* im imperfetto und passato prossimo

1. Verbinden Sie die linke mit der rechten Spalte zu sinnvollen Sätzen.

a Ugo ha appena saputo che → 3
b Lo sapevi che
c Volevo sapere
d Vilma ha conosciuto
e Non conoscevo nessuno
f Dovevamo partire stamattina
g Ieri non sono potuto

1 il suo ragazzo chattando.
2 se hai voglia di giocare a tennis domenica.
3 ha superato l'esame.
4 al corso di computer.
5 ma purtroppo nevicava.
6 andare in ufficio perché avevo la febbre.
7 i vicini si sono trasferiti?

2. Vervollständigen Sie die Sätze mit den unten stehenden Verbformen.

volevamo | hai conosciuto | ho saputo | siamo potuti | doveva | potevi | sapevate

a *(noi)* __________ invitarvi a cena ma poi Melania ha avuto un incidente.
b Lo *(voi)* __________ che Anna e Paolo vogliono divorziare?
c Me lo __________ dire prima che stasera non hai tempo. Ho già comprato i biglietti!
d *(noi)* Non __________ andare in vacanza perché Giorgio ha trovato un nuovo lavoro.
e La tua amica di Barcellona non __________ arrivare oggi? – Sì, ma ha perso l'aereo!
f Quando *(tu)* __________ Fabrizio? – Tre anni fa.
g Giacomo si è fidanzato! – L' __________ ieri da una mia amica.

3. Ergänzen Sie den Dialog mit den angegebenen Verben im imperfetto oder passato prossimo.

▲ Giuliana, che brutta faccia! Che ti è successo?
● Guarda, di tutto! Come sai, *(dovere)* __________ partire …
▲ Ah, è vero! *(tu / dovere)* __________ andare a Parigi per affari, no?
● Appunto … Ieri pomeriggio, prima di partire, *(io / volere)* __________ fare alcune commissioni. Ho preso la macchina e sono andata all'ufficio postale. Lì, però, non *(potere)* __________ pagare la bolletta perché c'era un problema ai computer. Non *(volere)* __________ aspettare e quindi ho pensato di passare prima in farmacia. Sono entrata in macchina e ho visto che avevo una ruota bucata. Quindi *(dovere)* __________ andare subito dal meccanico che per fortuna era lì vicino.
▲ E il meccanico era chiuso!
● No, no, era aperto ma aveva molto da fare, perciò *(dovere)* __________ aspettare un sacco di tempo.
▲ Non *(tu / potere)* __________ lasciare la macchina lì?
● E no! La macchina mi serviva. *(io / dovere)* __________ ancora ritirare il biglietto e l'agenzia è dall'altro lato della città!
▲ Mi *(potere)* __________ chiamare.
● Beh, non ti *(volere)* __________ disturbare. Comunque alla fine ho risolto tutto. Ho ritirato il biglietto. Sono tornata a casa per fare la valigia e *(sapere)* __________ che il collega di Parigi era malato e quindi *(noi / dovere)* __________ rimandare l'appuntamento. Perciò non sono più partita!

46 È una ricetta che ho trovato su un blog.

Es ist ein Rezept, das ich in einem Blog gefunden habe.

Relativpronomen: che oder cui?

REGEL Wie im Deutschen kann man auch im Italienischen zwei Sätze mit Relativpronomen verbinden.

È una ricetta. | Ho trovato la ~~ricetta~~ su un blog. — *Es ist ein Rezept. Ich habe das Rezept in einem Blog gefunden.*

È una ricetta **che** ho trovato su un blog. — *Es ist ein Rezept, das ich in einem Blog gefunden habe.*

Die wichtigsten Relativpronomen sind che und cui.

che

Das Relativpronomen che ist unveränderlich. Che wird im Nebensatz als Subjekt oder als direktes Objekt gebraucht.

Ho un amico **che** vive a San Francisco. — che ➡ Subjekt
Ich habe einen Freund, der in San Francisco lebt.

Questi sono i due libri **che** ho letto volentieri. — che ➡ direktes Objekt
Das sind die zwei Bücher, die ich gerne gelesen habe.

cui

Das Relativpronomen cui ist ebenfalls unveränderlich. Cui wird als indirektes Objekt (Dativ) oder nach einer Präposition (con, su etc.) verwendet.

La persona **a cui** ho mandato l'e-mail è una vecchia amica. — a cui ➡ indirektes Objekt
Die Person, der ich die E-Mail geschickt habe, ist eine alte Freundin.

Bei cui kann die Präposition a eventuell entfallen:
La persona cui ho mandato l'e-mail è una vecchia amica.

Le persone **con cui** lavoro sono molto affidabili. — con cui ➡ Präposition + cui
Die Leute, mit denen ich arbeite, sind sehr zuverlässig.

! Die Relativpronomen che und cui können durch das Relativpronomen il quale (la quale, i quali, le quali) ersetzt werden, welches aber in der gesprochenen Sprache selten verwendet wird.
Le persone con le quali lavoro sono molto affidabili. *Die Leute, mit denen ich arbeite, sind sehr zuverlässig.*

1. Bilden Sie Sätze.

a Non conosco la ditta per
b Il film
c Finalmente ho trovato l'appartamento
d Non sei ancora andato a vedere lo spettacolo di
e Hai visto il regalo
f È un vaso prezioso a
g Quello è il ragazzo con
h Mamma, l'asciugacapelli

che
cui

è uscita Roberta. Bello, vero?
mi ha fatto Sabina?
lavora Umberto.
cercavo!
ti ho tanto parlato?
tengo particolarmente.
hai comprato si è già rotto!
abbiamo visto ieri sera era noiosissimo!

2. Verbinden Sie die Sätze mit che oder cui + Präposition.

Conosci Francesco? A Francesco ho prestato il libro d'inglese.
Conosci Francesco a cui ho prestato il libro d'inglese?

a Ieri ho incontrato Erminia. Con Erminia ho seguito il corso di spagnolo.

____

b Gianluca vive in una strada. La strada è molto rumorosa.

____

c Vi piace il quadro? Ho dipinto questo quadro.

____

d Questa è la ragazza. Per questa ragazza Antonio ha perso la testa!

____

e Volete provare il cocktail? Ho preparato il cocktail proprio per voi.

____

3. Vervollständigen Sie mit che oder cui + Präposition.

a Tania e Cristiano sono quei ragazzi ________ ho conosciuto a Rimini.
b Quanto era alta la montagna ________ siete saliti?
c Come si chiamava la ragazza ________ abitavi a Londra?
d Finalmente abbiamo visto la mostra ________ ci hai parlato.
e Guarda, quella è la casa ________ hanno comprato Anna e Luigi.
f Come si chiama l'ultimo libro ________ ha scritto Valeria Parrella?
g La persona ________ abbiamo chiesto l'informazione è stata gentilissima.
h Hai visto il quaderno ________ era qui sul tavolo?

47 Ti avevo detto di prenotare in agenzia!

Ich hatte dich gebeten, in einem Reisebüro zu buchen!

Trapassato prossimo

REGEL **Trapassato prossimo ➡ Vorvergangenheit**

Das trapassato prossimo entspricht dem deutschen Plusquamperfekt und beschreibt Handlungen oder Zustände der Vergangenheit, die zeitlich vor anderen Vorgängen stattgefunden haben.

Ti **avevo detto** di prenotare in agenzia! Invece hai prenotato online. *Ich hatte dich gebeten, in einem Reisebüro zu buchen! Du hast hingegen online gebucht.*

Carlo **era** già **partito**, quando gli ho telefonato. *Carlo war schon abgereist, als ich ihn angerufen habe.*

Wie im deutschen Plusquamperfekt wird das trapassato prossimo im Italienischen mit den Formen des imperfetto von avere bzw. essere und dem Partizip Perfekt (→ Kap. 33, 34) des Hauptverbs gebildet.

	imperfetto von avere	Partizip Perfekt		imperfetto von essere	Partizip Perfekt
(io)	avevo	detto	(io)	ero	partito/-a
(tu)	avevi		(tu)	eri	
(lui, lei, Lei)	aveva		(lui, lei, Lei)	era	
(noi)	avevamo		(noi)	eravamo	partiti/-e
(voi)	avevate		(voi)	eravate	
(loro)	avevano		(loro)	erano	

1. Verbinden Sie die linke mit der rechten Spalte zu sinnvollen Sätzen.

a Poiché mi era venuta fame, . . . → 2
b Non ho fatto l'esame . . .
c Ieri avevo pensato di telefonarti . . .
d Avevo conosciuto Giulia in treno . . .
e Erano usciti per comprare un regalo . . .
f Poiché avevamo finito quel lavoro, . . .

1 e l'ho rivista ieri, per caso, al supermercato.
2 ho mangiato un panino con la mortadella.
3 ma non ho avuto tempo.
4 siamo potuti andare alla festa.
5 perché non avevo studiato tutto il programma.
6 ma non hanno trovato niente di bello.

2. Ergänzen Sie die Sätze mit den angegebenen Verben.

avevamo fissato | era ancora finita | aveva regalato | aveva appena cominciato | era già andata

a Quando sono andato via, la riunione non ______________ .
b ______________ a piovere, quando ho deciso di uscire.
c Quando sono tornato a casa, Clelia ______________ a letto.
d Il mio ragazzo, per il mio compleanno, mi ha regalato lo stesso pullover che mi ______________ l'anno scorso!
e ______________ l'appuntamento dall'avvocato due settimane fa e poi l'abbiamo dimenticato.

3. Setzen Sie die Verben ins trapassato prossimo.

a L'altro ieri un passante mi ha chiesto un'informazione. Io ho parlato per mezz'ora e poi ho notato che non *(capire)* ______________ niente, perché non parlava l'italiano!
b Renato e Fabio *(comprare)* ______________ due biglietti per lo stadio, ma poi si sono ammalati e non sono potuti andarci.
c *(noi / decidere)* ______________ di sposarci, ma poi Nino mi ha lasciato.
d Quando sono uscita dal teatro, ero scioccata . . . Non *(vedere)* ______ mai ________ un balletto così brutto!

4. Passato prossimo, trapassato prossimo oder imperfetto? Ergänzen Sie die Sätze.

a Poiché *(noi / dimenticare)* ______________ di innaffiare le piante, al ritorno dalle vacanze le *(noi / trovare)* ______________ tutte secche.
b Siccome dalla nascita di nostro figlio non *(noi / trascorrere)* ________ più ____________ una serata da soli, ieri *(chiamare)* ______________ una baby-sitter e finalmente *(uscire)* ______________ ! *(prenotare)* ______________ un tavolo al ristorante, ma poi *(cambiare)* ______________ idea e *(andare)* ______________ al cinema.
c Dato che ieri Rita e Stefania non *(mangiare)* ______________ niente tutto il giorno, la sera *(andare)* ______________ in pizzeria. Lì *(conoscere)* ______________ due tipi di Milano, i quali *(volere)* ______________ portarle in discoteca, ma Rita e Stefania *(essere)* ______________ stanchissime e *(rifiutare)* ______________ l'invito!

Potresti comprarne una nuova!

Du könntest ein neues kaufen!

Condizionale presente: Formen

REGEL Das condizionale presente kann im Deutschen mit der Struktur „ich würde + Infinitiv", z. B. direi *ich würde sagen*, wiedergegeben werden oder mit dem Konjunktiv Imperfekt, z. B. potresti *du könntest*.
Die Formen des condizionale presente werden aus dem Infinitiv des Verbs abgeleitet. Dabei wird die Infinitivendung um den letzten Vokal verkürzt und die Endungen des condizionale presente (-ei, -esti, -ebbe, -emmo, -este, -ebbero) werden angehängt: scrivere ➡ scriver-ei.

Regelmäßige Verben

	guardare *sehen*	**scrivere** *schreiben*	**preferire** *bevorzugen*
(io)	guarder**ei**	scriver**ei**	preferir**ei**
(tu)	guarder**esti**	scriver**esti**	preferir**esti**
(lui, lei, Lei)	guarder**ebbe**	scriver**ebbe**	preferir**ebbe**
(noi)	guarder**emmo**	scriver**emmo**	preferir**emmo**
(voi)	guarder**este**	scriver**este**	preferir**este**
(loro)	guarder**ebbero**	scriver**ebbero**	preferir**ebbero**

!
- Bei den Verben der ersten Konjugation (-are) ändert sich das -a der Infinitivendung zu einem -e, z. B. guardare ➡ guarder-ei *(ich würde sehen)*. Ausnahmen sind dare ➡ dar-ei *(ich würde geben)*, fare ➡ far-ei *(ich würde machen)*, stare ➡ star-ei *(ich würde bleiben)*.
- Bei den Verben mit Infinitivendung auf -care und -gare wird zur Beibehaltung des ursprünglichen Lautes ein h zwischen dem Verbstamm und der Endung eingefügt: cercare ➡ cercher-ei *(ich würde suchen)*, pagare ➡ pagher-ei *(ich würde bezahlen)*.
- Die Verben mit Endung auf -giare und -ciare verlieren das i ihres Stammes: mangiare ➡ manger-ei *(ich würde essen)*, baciare ➡ bacer-ei *(ich würde küssen)*.

Unregelmäßige Verben

Bei unregelmäßigen Verben ändert sich nur der Verbstamm, während die Endungen des condizionale presente erhalten bleiben. Nach dem gleichen Prinzip wird das Futur gebildet (→ Kap. 54). Hier eine Liste einiger unregelmäßiger Verben (→ Anhang):

andare ➡ andrei, … *(ich würde gehen)*
avere ➡ avrei, … *(ich hätte)*
dovere ➡ dovrei, … *(ich müsste)*
essere ➡ sarei, … *(ich wäre)*
potere ➡ potrei, … *(ich könnte)*
sapere ➡ saprei, … *(ich wüsste)*
venire ➡ verrei, … *(ich würde kommen)*
volere ➡ vorrei, … *(ich möchte)*

1. Tragen Sie die Verbformen in den passenden Sack ein.

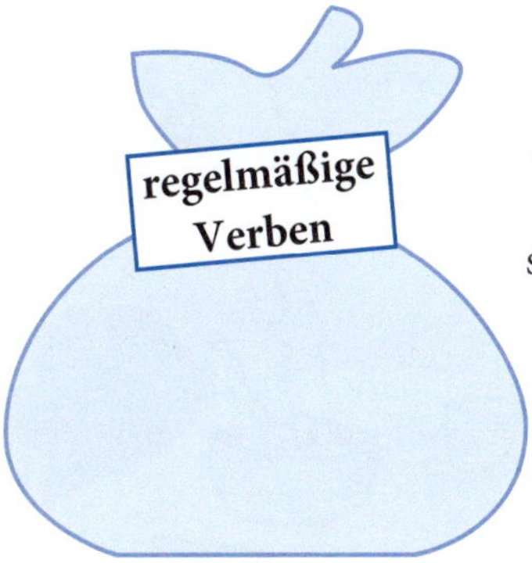

avreste
guadagnerei
finirebbero
parlereste
sarebbe
prenderemmo
salirebbe
vorrei
berresti
andremmo

2. Vervollständigen Sie die Tabelle, indem Sie die rechts stehenden Verbformen einordnen.

aiutare	vivere	capire
aiuterei	___	___
___	___	___
___	___	capirebbe
___	___	___
___	___	___
___	vivrebbero	___

vivrebbe · capirei · vivrei · capiresti · aiuterebbe · vivreste · capiremmo · capireste · vivremmo · aiuterebbero · aiutereste · aiuteremmo · vivresti · aiuteresti · capirebbero

3. Setzen Sie die Verben in das condizionale presente.

a Cara, *(potere)* ________ comprare una macchina nuova!
b *(io / volere)* ________ una camera doppia, per favore.
c I signori Masini *(desiderare)* ________ comprarsi una villetta al mare.
d Mamma, mi *(aiutare)* ________ a preparare il buffet per la festa?
e Ragazzi, *(fare)* ________ bene a studiare di più per l'esame!
f A Loredana *(piacere)* ________ conoscere gente nuova.
g Scusi, *(sapere)* ________ dirmi dov'è la stazione?
h Pierpaolo, Giorgio, *(avere)* ________ tempo domani di fare una partita a calcio?

4. Vervollständigen Sie die Sätze mit dem passenden Verb im condizionale presente.

dire ~~dovere~~ rimanere essere prestare venire

Sono ingrassata! Dovrei proprio fare una dieta!
a Che ne *(voi)* ________ di fare una gita domani?
b *(noi)* ________ felici di avervi a cena sabato sera.
c I miei amici ________ a dormire da me, ma i loro genitori non vogliono.
d Lia ________ a trovarci domani, ma c'è lo sciopero dei treni.
e Dario, mi ________ la macchina per un paio d'ore?

49 Vorrei tanto sapere …
Ich würde so gerne wissen …

Condizionale presente: Gebrauch

REGEL Das condizionale presente wird benutzt, um folgende Sachverhalte auszudrücken:

- Wünsche
  Vorrei tanto sapere che c'è in questa zuppa. *Ich würde so gerne wissen, was in dieser Suppe ist.*
  Io preferirei non saperlo. *Ich würde es lieber nicht wissen.*

- höfliche Bitten
  Mi passeresti il pane? *Könntest du mir das Brot reichen?*
  Ci darebbe un passaggio? *Würden Sie uns mitnehmen?*

- Vorschläge
  Potresti comprare una macchina nuova. *Du könntest ein neues Auto kaufen.*
  Ti andrebbe di giocare a tennis, domenica? *Hättest du Lust, am Sonntag Tennis zu spielen?*

- Ratschläge
  Al posto Suo andrei dal medico. *An Ihrer Stelle würde ich zum Arzt gehen.*
  Dovresti studiare di più. *Du solltest mehr lernen.*

- Möglichkeiten bzw. Wahrscheinlichkeit
  Oggi potrei aiutarti, se vuoi. *Heute könnte ich dir helfen, wenn du willst.*
  Forse Matteo mi presterebbe la sua tenda. *Matteo würde mir vielleicht sein Zelt leihen.*

1. Schreiben Sie die Sätze um, indem Sie das condizionale presente verwenden.

Monica vuole imparare lo spagnolo. *Monica vorrebbe imparare lo spagnolo.*

a Simona, devi cercare di stare più attenta! ______

b Mi aiutate a portare questa cassa in cantina? ______

c Domani faccio un giro in centro. ______

d Preferiamo prendere solo un secondo. ______

e Le dispiace aprire la porta? ______

f Non dovete correre tanto con la moto! ______

2. Setzen Sie die Verben in das condizionale presente.

a Beh, se non è a casa, *(tu / potere)* ______ provare a chiamarla sul cellulare.

b Pensi che Milena e Cinzia *(iscriversi)* ______ in palestra con noi?

c A loro *(piacere)* ______ molto fare un corso di tango.

d Ci *(Lei / potere)* ______ portare il conto?

e Al posto tuo gli *(io / dire)* ______ apertamente che non sei d'accordo.

f Scusate, mi *(dare)* ______ una mano? Da solo non ce la faccio!

g Amore, lo sai, senza te *(sentirsi)* ______ inutile!

h Stasera *(noi / guardare)* ______ volentieri il festival di Sanremo, ma il televisore è rotto.

3. Vervollständigen Sie die Sätze mit den angegebenen Verbenim condizionale presente.

vivere fare dovere lavorare ~~volere~~ piacere preparare accendere

(io) *Vorrei* vedere quella giacca di pelle in vetrina.

a Pisa è una città molto carina. Fabio e Teresa ci ______ volentieri.

b ______ gli spaghetti alla carbonara, ma non abbiamo più uova.

c Mamma mia, sei sempre davanti al computer! ______ uscire, vedere gente ...

d Sono stressata! – Al posto tuo ______ di meno.

e Ho un terribile mal di schiena! – Dei massaggi ti ______ bene.

f Che freddo! *(tu)* ______ il riscaldamento, per favore?

g Nina è simpatica. Mi ______ invitarla a cena.

4. Übersetzen Sie folgende Sätze.

a Würdest du mir die Flasche reichen? ______

b Könnten Sie bitte das Fenster schließen? ______

c Du solltest einen neuen Job suchen. ______

d Ich würde dich gerne besuchen. ______

e Meine Kinder sollten zur Mittagszeit zurückkommen. ______

f Ich würde gerne eine Reise machen. ______

Gli sarebbe piaciuto frequentare l'Accademia di Belle Arti.

Er hätte gern die Kunstakademie besucht.

Condizionale passato

REGEL Das condizionale passato ist die Möglichkeitsform der Vergangenheit.
Es wird gebraucht, um

- einen nicht erfüllten Wunsch zu formulieren;
  Gli **sarebbe piaciuto** frequentare l'Accademia di Belle Arti.
  Er hätte gern die Kunstakademie besucht.
- eine Handlung auszudrücken, die in der Vergangenheit unter anderen Umständen geschehen wäre;
  Saremmo andati al vernissage, ma dovevamo lavorare.
  Wir wären zur Vernissage gegangen, aber wir mussten arbeiten.
- einen auf die Vergangenheit bezogenen Ratschlag höflich wiederzugeben.
  Avresti dovuto raccontare la verità subito. *Du hättest die Wahrheit sofort erzählen sollen.*

Formen

Das condizionale passato ist eine zusammengesetzte Zeitform. Es wird aus den Formen des condizionale presente von avere und essere und dem Partizip Perfekt (→ Kap. 33, 34) des Hauptverbs gebildet, z. B. avrei parlato *(ich hätte gesprochen)*, sarei partito *(ich wäre abgefahren)*.

	condizionale presente von **avere**	Partizip Perfekt
(io)	avrei	parlato
(tu)	avresti	
(lui, lei, Lei)	avrebbe	
(noi)	avremmo	
(voi)	avreste	
(loro)	avrebbero	

	condizionale presente von **essere**	Partizip Perfekt
(io)	sarei	partito/-a
(tu)	saresti	
(lui, lei, Lei)	sarebbe	
(noi)	saremmo	partiti/-e
(voi)	sareste	
(loro)	sarebbero	

1. Wandeln Sie die Sätze um. Folgen Sie dem Beispiel.

Mi iscriverei volentieri in palestra. *Mi sarei iscritto volentieri in palestra.*

a Potremmo andare insieme dal parrucchiere. ______

b Mi piacerebbe partecipare a un concorso di bellezza. ______

c Oggi mangerei volentieri le penne al salmone. ______

d Due miei amici vorrebbero fare il giro del mondo. ______

e Cambiando lavoro faresti carriera. ______

f Dovreste essere più gentili con Marina! ______

2. Vervollständigen Sie die Minidialoge mit den Verben im condizionale passato und mit den rechts stehenden Angaben.

~~non ho avuto tempo~~ | non me lo hai detto | ti stava benissimo | era rotto | nemmeno una camera libera

Perché non hai ancora letto il libro che ti ho regalato?
(volere) L'*avrei voluto* leggere, ma *non ho avuto tempo.*

a Allora, siete stati a Venezia?
Ci *(andare)* ______, ma non abbiamo trovato ______!

b Signora, ha chiamato la dottoressa Pascali?
(fare) L' ______, ma il telefono ______.

c Sai, il cappotto non l'ho più comprato.
Peccato! *(potere)* L' ______ comprare, ______!

d Ce l'ho fatta! Ho pitturato tutto l'appartamento.
Perché ______? Ti *(aiutare)* ______.

3. Condizionale presente (→ Kap. 48, 49) oder passato? Ergänzen Sie mit der richtigen Zeitform.

a Purtroppo domani non posso, altrimenti la *(portare)* ______ io la macchina dal meccanico.

b Perché non siete venuti alla festa? *(divertirsi)* ______!

c Al tuo posto glielo *(dire)* ______ che non vuoi uscire con lui.

d Mia sorella ha dieci anni: da grande *(volere)* ______ fare l'attrice!

e *(noi / potere)* ______ passare una settimana in montagna. Che ne dite?

f Peccato che non hai accettato quel lavoro. *(tu / guadagnare)* ______ un sacco di soldi!

g Non *(tu / dovere)* ______ bere tutto quel caffè, per questo stanotte non hai dormito.

h Mi *(piacere)* ______ venirti a trovare. Quando hai tempo?

51 Chiudi la finestra!

Schließe das Fenster!

Imperativ (tu, Lei, voi)

REGEL Der Imperativ wird benutzt, um Befehle oder Ratschläge zu erteilen.

Chiudi la finestra!
Schließe das Fenster!

Ho mal di testa. – **Prenda** un'aspirina.
Ich habe Kopfschmerzen. – Nehmen Sie ein Aspirin.

Andate via!
Geht / Gehen Sie weg!

Regelmäßige Verben

	-are	**-ere**	**-ire**	**-ire (-isc-)**
	scusare *entschuldigen*	chiudere *schließen*	aprire *öffnen*	pulire *putzen*
(tu)	scusa	chiudi	apri	pulisci
(Lei)	scusi	chiuda	apra	pulisca
(voi)	scusate	chiudete	aprite	pulite

- Die Subjektpronomen (tu, Lei, voi) werden im Imperativ weggelassen.
- Identisch mit dem Präsens Indikativ sind: die du-Form (tu) der Verben auf -ere und -ire und die ihr-Form (voi) der Verben auf -are, -ere und -ire.
- Die Verben auf -ire mit Stammerweiterung auf -isc- behalten bei den tu- und Lei-Formen die Erweiterung -isc- bei.
- Die Sie-Form (Lei) der Verben auf -are, -ere und -ire stammt aus dem congiuntivo presente (→ Kap. 57).

Unregelmäßige Verben
Die Verben, die im Präsens Indikativ unregelmäßig sind, haben Unregelmäßigkeiten auch im Imperativ. Hier sind die wichtigsten aufgelistet.

	andare *gehen*	**avere** *haben*	**bere** *trinken*	**dare** *geben*	**dire** *sagen*	**essere** *sein*	**fare** *tun, machen*	**stare** *liegen*	**uscire** *ausgehen*	**venire** *kommen*
(tu)	va' / vai	abbi	bevi	da' / dai	di'	sii	fa' / fai	sta' / stai	esci	vieni
(Lei)	vada	abbia	beva	dia	dica	sia	faccia	stia	esca	venga
(voi)	andate	abbiate	bevete	date	dite	siate	fate	state	uscite	venite

! Die Verben andare, dare, fare und stare haben in der 2. Person Singular zwei Formen.

1. Ordnen Sie die Verbformen dem passenden Feld zu.

faccia va' esci leggete smetti chiami parli porta senta guardate metta dite finisci partite dia

tu | **Lei** | **voi**

2. Setzen Sie die Verben in den Imperativ.

a Scusi, *(essere)* ________________ gentile! Mi dà una mano a parcheggiare l'auto?
b Signora, *(spedire)* ________________ questi documenti, per favore.
c Giacomo, *(stare)* ________________ attento. Ti potresti fare male.
d Teresa, *(chiudere)* ________________ la porta a chiave quando esci.
e Nino, *(cominciare)* ________________ a prepararti. Tra poco usciamo.
f Gianni, Anna, *(prendere)* ________________ una fetta di torta. È buonissima!

3. Wandeln Sie die Sätze um, indem Sie die Verben in den Imperativ (tu, Lei oder voi) setzen.

Dovresti mangiare cose leggere! *Mangia cose leggere!*
a Dovresti fare un bel viaggio! ________________
b Dovrebbe avere un po' di pazienza! ________________
c Dovreste stare zitti! ________________
d Dovrebbe venire più spesso! ________________
e Dovresti scrivere una lettera a tua nonna! ________________

4. Suchen Sie die passende Reaktion zu folgenden Aussagen und setzen Sie die Verben in den Imperativ (tu, Lei oder voi).

Mamma, domani ho il compito in classe di matematica!
Allora *studia tutto il pomeriggio!*
a Scusi, avrei bisogno di un medico.
____
b Oddio, signora, sono stanchissimo! Tra poco mi addormento.
Beh, ________________
c Manuela, aiuto! Sono ingrassata di dieci chili!
Allora, ________________
d Non abbiamo ancora pensato al regalo per la festa del papà.
Beh, ________________
e Uffa! Stiamo sempre in casa a guardare la TV!
____

uscire con degli amici
~~studiare tutto il pomeriggio~~
chiedere nella farmacia lì all'angolo
andare dal dietologo
comprare una bottiglia di vino
bere un bel caffè forte forte

Fammi chiamare il tecnico!

Lass mich den Fachmann anrufen!

Stellung der Pronomen beim Imperativ

REGEL Der Imperativ wird sehr oft in Verbindung mit Reflexivpronomen (mi, ti, si etc.), unbetonten Objektpronomen (mi, ti, gli etc.), zusammengesetzten Pronomen (me lo, te lo, glielo etc.) sowie mit den Pronominaladverbien ci und ne benutzt. Meistens werden diese Pronomen direkt an den Imperativ angehängt. Folgende Regeln sollten Sie beachten:

du-Form (tu)

Wenn man sich an eine Person wendet, die man duzt, werden die Pronomen und die Pronominaladverbien ci und ne an die Imperativform angehängt.

Accomoda**ti**! *Nimm bitte Platz!*

Manda**le** una cartolina da Vienna. *Schick ihr eine Postkarte aus Wien.*

Spiega**celo**, per favore! *Erklär es uns, bitte!*

Roma è una città unica. Torna**ci**! *Rom ist eine einzigartige Stadt. Fahr wieder hin!*

Parla**ne** con tuo padre. *Sprich mit deinem Vater darüber.*

Bei den einsilbigen Imperativformen (z. B. da', di', fa') verdoppelt sich der Konsonant des Pronomens. Gleiches gilt für ci bzw. ne. Diese Regel gilt nicht für das Pronomen gli.

Fammi chiamare il tecnico. *Lass mich den Fachmann anrufen.*

Avanti, **dimmelo.** *Los, sag es mir.*

Vacci, se vuoi. *Geh dorthin, wenn du willst.*

aber Digli la verità. *Sag ihm die Wahrheit.*

Sie-Form (Lei)

Bei der Höflichkeitsform im Singular stehen die Pronomen und die Pronominaladverbien ci und ne als eigene Wörter vor der Imperativform.

Prego, **si** accomodi! *Nehmen Sie bitte Platz!*

Glielo dica! *Sagen Sie es ihm!*

Ne prenda pure una fetta. *Nehmen Sie doch ein Stück (davon).*

ihr-Form (voi)

Wenn man sich an eine Mehrzahl von Personen wendet (auch in der Höflichkeitsform), werden die Pronomen und die Pronominaladverbien ci und ne an die Imperativform angehängt.

Prego, accomodate**vi**! *Nehmt / Nehmen Sie bitte Platz!*

Mandate**le** una cartolina da Vienna. *Schickt ihr eine Postkarte aus Wien.*

Roma è una città unica. Tornate**ci**! *Rom ist eine einzigartige Stadt. Fahrt wieder hin!*

1. Verbinden Sie die Dialogteile.

a Allora, ci andiamo alla fiera? → 6
b Domani mattina hai l'esame?
c Ciao, Pina!
d Il prosciutto, lo vuole?
e Devo telefonare al dottor Fini?
f Lorenzo lo sa che stasera giochiamo a carte?

1 No, gli mandi un'e-mail.
2 Diteglielo voi.
3 Sì! Anzi, svegliami presto, per piacere.
4 Che sorpresa! Prego, accomodati.
5 Sì, certo. Me ne dia due etti, per favore.
6 Vacci tu. Io non ho tempo.

2. Ersetzen Sie die unterstrichenen Satzteile mit den passenden Pronomen. Verbinden Sie sie, falls nötig, mit der Imperativform.

Di' a Rosa che l'ami. *Dille che l'ami.*
a Leggi questo libro. È molto interessante. ______
b Compra due chili di patate. ______
c Faccia la fila come gli altri! ______
d A Natale recitate la poesia ai vostri genitori. ______
e Vada all'ufficio postale, se può. ______
f Da' una mano a tua madre. ______
g Aiutate i bambini a fare i compiti. ______

3. Ergänzen Sie die Sätze mit den Verben im Imperativ und mit den passenden Pronomen.

a Caro, *(ricordarsi)* ______ di comprare i fiori per tua madre.
b Se vuoi andare al concerto, *(andare)* ______ pure. Io non ne ho voglia.
c Regaliamo una borsa alla nonna? – *(regalare)* ______ voi. Io le compro un'altra cosa.
d Carla, hai preso già la posta? – *(prendere)* ______ tu. Io devo cucinare.
e Quante volte vi devo dire che a quest'ora non si gioca al computer? *(spegnere)* ______ !
f Può spiegare al tecnico quello che deve fare? – No, guardi, *(spiegare)* ______ Lei.
g Avanti, bambini, *(lavarsi)* ______ le mani. Si mangia.

4. Vervollständigen Sie die Sätze mit dem passenden Verb im Imperativ und mit den richtigen Pronomen.

bere pulirsi affettare restituire ~~dare~~ venire

Non ti sopporto più! Dove hai nascosto le chiavi? Avanti, *dammele!*
a Non lo so se vengo alla gita di classe. – Dai, ______ ! Ci divertiamo.
b Quanta mortadella vuole? – ______ tre etti, per cortesia.
c Signora, posso avere un altro po' di vino? – Prego. ______ pure tutto.
d Vi abbiamo prestato la telecamera un mese fa. Adesso ci serve. ______ per favore.
e Bambini, ______ le scarpe prima di entrare. Ho appena lavato il pavimento.

Non essere pessimista!

Sei nicht pessimistisch!

Verneinter Imperativ (tu, Lei, voi)

REGEL Fordert man jemanden auf, etwas nicht zu tun, dann verwendet man im Italienischen so wie im Deutschen den verneinten Imperativ.
Für die Bildung des verneinten Imperativs gelten folgende Regeln:

Bei der **du-Form** (tu) wird die Verneinung des Imperativs mit non + Infinitiv gebildet.
Non essere pessimista!
Sei nicht pessimistisch!

Die Reflexivpronomen, die unbetonten Objektpronomen sowie ci und ne können entweder vor der Infinitivform stehen oder an die Infinitivform angehängt werden. Dabei entfällt das -e der Infinitivendung.
Non **ti** muovere! / Non muover**ti**! *Bewege dich nicht!*

Bei der **Sie-Form** (Lei) wird die Verneinung mit non + Imperativ gebildet.
Non beva troppi alcolici! *Trinken Sie nicht zu viele alkoholische Getränke!*

Die Reflexivpronomen, die unbetonten Objektpronomen sowie ci und ne stehen zwischen non und der Imperativform.
Non **gli** dica niente! *Sagen Sie ihm nichts!*

Bei der **ihr-Form** (voi) wird die Verneinung ebenfalls mit non + Imperativ gebildet.
Non lavorate troppo! *Arbeitet / Arbeiten Sie nicht zu viel!*

Die Reflexivpronomen, die unbetonten Objektpronomen sowie ci und ne können zwischen non und der Imperativform stehen oder an die Imperativform angehängt werden.
Non **ci** andate! / Non andate**ci**! *Geht / Gehen Sie nicht dorthin!*

1. Vervollständigen Sie folgende Tabelle.

tu	Lei	voi
Non ti preoccupare!	________	________
________	________	Non dite bugie!
________	Non spenda troppo!	________
________	________	Non alzatevi tardi!
Non avere fretta!	________	________
________	Non gli dia niente!	________

2. Setzen Sie die Verben in den verneinten Imperativ. Falls nötig, benutzen Sie auch das passende Pronomen.

a Ragazzi, *(partire)* ________ il primo agosto. C'è un traffico terribile!
b Signori, *(alzarsi)* ________ , non è necessario.
c Su, Robertino, *(fare)* ________ i capricci! Adesso devi andare a dormire.
d Tina, *(essere)* ________ maleducata! Questa non è casa tua.
e Rita, sabato vado a vedere la mostra! – No, *(andarci)* ________ , è orribile!
f Ingegnere, buonasera! Lunedì *(venire)* ________ , l'incontro è stato spostato.

3. Wandeln Sie die Sätze um, indem Sie die Verben in den verneinten Imperativ (tu, Lei oder voi) setzen.

Non dovresti mangiare tanti dolci! — *Non mangiare tanti dolci!*
a Non dovresti parlare mentre mangi! ________
b Non dovrebbe dire sempre quello che pensa! ________
c Non dovreste uscire ogni sera! ________
d Non dovrebbe dare troppo di mancia! ________
e Non dovresti scrivere sui muri! ________

4. Suchen Sie die passende Reaktion zu folgenden Aussagen und setzen Sie die Verben in den verneinten Imperativ (tu, Lei oder voi). Falls nötig, fügen Sie auch das passende Pronomen ein.

Dottoressa, ho la febbre alta!
Non vada a lavorare domani!
a Mamma, mi fanno male gli occhi!
____
b Abbiamo scoperto che la moglie di Vittorio lo tradisce!
____
c Giorgio, ho sempre mal di schiena!
____
d Direttore, c'è un sacco di lavoro oggi!
Allora, ________

~~non andare a lavorare domani~~
non dire niente
non perdere tempo
non sollevare cose troppo pesanti
non stare troppe ore davanti al computer

Wählen Sie die richtige Form.

imperfetto und passato prossimo

1. Da piccola Anna non ... mai la televisione.
   a) vedevo
   b) vedeva

2. Prima (noi) ... delle lunghe passeggiate in montagna.
   a) facevano
   b) facevamo

3. Al matrimonio di mio figlio ... un abito lungo.
   a) portavo
   b) ho portato

4. Nel 2016 (loro) ... il giro del mondo.
   a) facevano
   b) hanno fatto

5. Mentre lavavo i vetri, ...
   a) è arrivata una visita.
   b) arrivava una visita.

6. Allora, ... i genitori della tua ragazza?
   a) hai conosciuto
   b) conoscevi

7. ... dirtelo ma non ho avuto il coraggio.
   a) Volevo
   b) Ho voluto

8. ... che Massimo si è trasferito?
   a) Lo avete saputo
   b) Lo sapevate

che und cui

9. La ragazza a ... scrivo viene da Lisbona.
   a) che
   b) cui

10. Oggi arrivano le mie cugine ... vivono a Bari.
    a) che
    b) cui

11. Ho degli amici su ... posso sempre contare.
    a) che
    b) cui

trapassato prossimo

12. ... pensato di uscire ma poi mi è venuto un terribile mal di testa.
    a) Ero
    b) Avevo

13. La festa ... quando siamo arrivati.
    a) è già finita
    b) era già finita

14. ... i biglietti per la partita ma poi non ci sono potuto andare.
    a) Avevo comprato
    b) Ho comprato

condizionale presente und condizionale passato

15. Carlo, mi ... a preparare il pranzo?
    a) aiuteresti
    b) aiuterebbe

16. Io non ... mai in campagna!
    a) vivreste
    b) vivrei

17. Scusi, ci ... un'informazione?
    a) daresti
    b) darebbe

18. I bambini ... andare a letto alle otto!
    a) dovremmo
    b) dovrebbero

19. Attraverso un agente immobiliare ... trovato subito un appartamento.
    a) avreste
    b) sareste

20. ... Gianna, ma lei era innamorata del mio migliore amico!
    a) Sposerei
    b) Avrei sposato

21. Purtroppo avevamo un impegno, altrimenti ...
    a) saremmo venuti a vedere la gara.
    b) verremmo a vedere la gara.

Imperativ

22. ..., mi potrebbe aiutare?
    a) Scusa
    b) Scusi

23. Ragazzi, adesso ... zitti!
    a) stai
    b) state

24. Lorenzo, per piacere, ... la finestra.
    a) apri
    b) apra

25. Hai comprato la frutta? - ... tu, per cortesia.
    a) Comprala
    b) La compri

26. Prego, signori, ... !
    a) servitevi
    b) vi servite

27. Papà, posso andare a dormire da Marco? – Certo ... pure.
    a) vacci
    b) ci va

28. Fabio, ... bibite troppo fredde!
    a) non bevi
    b) non bere

29. Attento! ... sedere, la sedia è rotta.
    a) Ti non
    b) Non ti

30. Signor Balla, ... niente per favore.
    a) non dica
    b) non dire

Lust auf noch mehr Tests?

Dann ab ins Netz und weitermachen:
https://go.hueber.de/power-grammatik/italienisch

Vergleichen Sie nun Ihre Lösungen mit dem Schlüssel auf S. 158. Wenn Sie Aufgaben nicht richtig gelöst haben, wiederholen Sie noch einmal das betreffende Kapitel. Diese Tabelle zeigt Ihnen, auf welches Kapitel sich die einzelnen Aufgaben beziehen.

Aufgabe	Kapitel	Aufgabe	Kapitel	Aufgabe	Kapitel	Aufgabe	Kapitel	Aufgabe	Kapitel
1	43	7	45	13	47	19	50	25	52
2	43	8	45	14	47	20	50	26	52
3	44	9	46	15	48/49	21	50	27	52
4	44	10	46	16	48/49	22	51	28	53
5	44	11	46	17	48/49	23	51	29	53
6	45	12	47	18	48/49	24	51	30	53

54 Saranno delle vacanze stupende!
Es wird ein toller Urlaub werden!

Futuro semplice

Um über die Zukunft zu sprechen oder um Vermutungen auszudrücken, wird im Italienischen die Zeitform des futuro semplice benutzt.
Saranno delle vacanze stupende!
Es wird ein toller Urlaub werden!
Quanti anni **avrà** Rosaria?
Wie alt wird Rosaria sein?

REGEL Die Formen des futuro semplice werden vom Infinitiv des entsprechenden Verbs abgeleitet. Dabei wird die Infinitivendung um den letzten Vokal verkürzt und es werden die Endungen des futuro semplice (-ò, -ai, -à, -emo, -ete, -anno) angehängt: scrivere ➡ scriver-ò *(ich werde schreiben).*

Regelmäßige Verben

	guardare *sehen*	**scrivere** *schreiben*	**preferire** *bevorzugen*
(io)	guarder**ò**	scriver**ò**	preferir**ò**
(tu)	guarder**ai**	scriver**ai**	preferir**ai**
(lui, lei, Lei)	guarder**à**	scriver**à**	preferir**à**
(noi)	guarder**emo**	scriver**emo**	preferir**emo**
(voi)	guarder**ete**	scriver**ete**	preferir**ete**
(loro)	guarder**anno**	scriver**anno**	preferir**anno**

- Bei den Verben der ersten Konjugation (-are) ändert sich das -a der Infinitivendung zu einem -e: guardare ➡ guard**e**r-ò *(ich werde sehen).* Ausnahmen sind dare ➡ **dar**-ò *(ich werde geben)*, fare ➡ **far**-ò *(ich werde machen)*, stare ➡ **star**-ò *(ich werde bleiben).*

- Bei den Verben mit Infinitivendung auf -care und -gare wird zur Beibehaltung des ursprünglichen Lautes ein h zwischen dem Verbstamm und der Endung eingefügt: cercare ➡ cerc**h**er-ò *(ich werde suchen)*, pagare ➡ pag**h**er-ò *(ich werde bezahlen).*
- Die Verben mit Endung auf -giare und -ciare verlieren das i ihres Stammes: mangiare ➡ manger-ò *(ich werde essen)*, baciare ➡ bacer-ò *(ich werde küssen).*

Unregelmäßige Verben
Bei unregelmäßigen Verben ändert sich der Verbstamm, während die Endungen des futuro semplice erhalten bleiben. Hier eine Liste einiger unregelmäßiger Verben (→ Anhang):

andare ➡ andrò, … *(ich werde gehen)*
avere ➡ avrò, … *(ich werde haben)*
dovere ➡ dovrò, … *(ich werde müssen)*
essere ➡ sarò, … *(ich werde sein)*
potere ➡ potrò, … *(ich werde können)*
sapere ➡ saprò, … *(ich werde wissen)*
venire ➡ verrò, … *(ich werde kommen)*
volere ➡ vorrò, … *(ich werde wollen)*

1. Ordnen Sie die Verbformen dem passenden Feld zu. Schreiben Sie auch jeweils, um welche Person es sich handelt.

regelmäßige Verben
loro arriveranno

~~arriveranno~~ sarà berrai partiremo avrò riderete potremo vorrete giocherò leggerai sapranno capirai

unregelmäßige Verben

2. Wandeln Sie die Sätze in den Plural bzw. Singular um.

(io) Farò un bel viaggio in Australia. *(noi)* Faremo un bel viaggio in Australia.

a Ci costruiremo una casa in campagna. ________
b Dove andrai la prossima estate? ________
c Preferirà sicuramente pernottare in albergo. ________
d Rimarrò solo una notte. ________
e A che ora arriverete? ________
f Trascorreranno due mesi al mare. ________
g Non verrà mai più. ________

3. Setzen Sie die Sätze in die Zukunftsform.

Finalmente posso sostenere l'esame di guida. Finalmente potrò sostenere l'esame di guida.

a Per chi votate alle elezioni? ________
b Quando ti firmano il contratto? ________
c Ti diamo una mano. ________
d Quanti anni ha la professoressa di latino? ________
e Cerco di fare il possibile per aiutarti. ________
f Dove sono i bambini? ________
g Quando finisci l'università? ________

4. Ergänzen Sie die Sätze mit den Verben in der Zukunftsform.

a Non *(io / bere)* ________ mai più il liquore all'anice. Ha un sapore orribile!
b Prima o poi Cecilia *(stancarsi)* ________ di Attilio e *(fidanzarsi)* ________ con un altro.
c Mamma mia, ragazzi, quando *(cominciare)* ________ a comportarvi da adulti?
d Vuoi lasciare l'università? E che *(dire)* ________ i tuoi genitori?
e Allora, Nello, quando mi *(dare)* ________ la risposta definitiva?
f Sono eccitatissimo! Tra una settimana *(sapere)* ________ se ho vinto la borsa di studio.
g *(noi / venire)* ________ a trovarvi al più presto.
h Mario *(diventare)* ________ un ottimo medico. Ne sono sicura.

55 Le avrà prese il cane.

Der Hund wird sie genommen haben.

Futuro anteriore

REGEL Will man in der Zukunft Vorzeitigkeit ausdrücken – etwa dass eine Handlung vor einer zukünftigen Handlung stattfinden wird –, gebraucht man im Italienischen das futuro anteriore. Diese Zeitform wird auch verwendet, um eine auf die Vergangenheit bezogene Vermutung anzustellen. Das futuro anteriore entspricht dem deutschen Futur II.

Verrò a trovarti appena **avrò finito** gli esami. *Ich werde dich besuchen, sobald ich die Prüfungen abgeschlossen haben werde.*

Solo dopo che **avremo rinnovato** l'appartamento, compreremo dei mobili nuovi. *Erst nachdem wir die Wohnung renoviert haben werden, werden wir neue Möbel kaufen.*

Le pantofole le **avrà prese** il cane. *Die Pantoffeln wird wohl der Hund genommen haben.*

Sarà già **partito** Vincenzo? *Wird Vincenzo schon abgereist sein?*

Formen

Das futuro anteriore wird aus den Formen des futuro semplice von avere und essere und dem Partizip Perfekt (→ Kap. 33, 34) des Hauptverbs gebildet.

	futuro semplice von avere	**Partizip Perfekt**
(io)	avrò	preso
(tu)	avrai	
(lui, lei, Lei)	avrà	
(noi)	avremo	
(voi)	avrete	
(loro)	avranno	

	futuro semplice von essere	**Partizip Perfekt**
(io)	sarò	partito/-a
(tu)	sarai	
(lui, lei, Lei)	sarà	
(noi)	saremo	partiti/-e
(voi)	sarete	
(loro)	saranno	

1. Vervollständigen Sie die Sätze mit den Verben im futuro anteriore und mit den unten stehenden Angaben.

litigare con papà — capire l'errore — trovare un lavoro — frequentare un corso d'inglese — comprare il computer nuovo — nevicare

Mamma è nervosa oggi! Avrà litigato con papà.

a Appena ______, potrò scaricare tanti videogiochi!
b Appena Titti e Pietro ______, si sposeranno.
c Faremo un viaggio negli Stati Uniti dopo che ______.
d Guarda, le montagne sono tutte bianche! Stanotte ______.
e Quando Luca ______ che ha fatto, sarà troppo tardi.

2. Bilden Sie Sätze, indem Sie die Verben ins futuro anteriore und futuro semplice (→ Kap. 54) setzen. Folgen Sie dem Beispiel.

io • comprare la macchina nuova • fare un bel viaggio
Appena avrò comprato la macchina nuova, farò un bel viaggio.

a voi • completare il lavoro • avere più tempo libero
______
b Alessandro • chiamare • io • darti la risposta
______
c noi • andare in pensione • passare più tempo con i nostri nipotini
Quando ______
d la riunione • finire • loro • andare a cena fuori
______
e tu • riprendersi dall'operazione • noi • potere di nuovo fare jogging insieme
______

3. Futuro semplice oder futuro anteriore? Vervollständigen Sie die Sätze mit den Verben in der richtigen Zeitform.

a Non trovo più gli occhiali. – Li *(dimenticare)* ______ in ufficio.
b L'anno prossimo *(noi / trasferirsi)* ______ a Milano.
c Dov'è Leo? – *(essere)* ______ in camera sua a studiare.
d Dopo che *(io / cenare)* ______, *(io / leggere)* ______ un bel libro.
e Stamattina Carmela ha la faccia stanca. – *(dormire)* ______ poco.
f Secondo te, la moglie del direttore quanti anni *(avere)* ______?

56 Stiamo installando il computer nuovo.

Wir installieren gerade den neuen Computer.

* Reinstecken und sofort spielbereit

Stare + Gerundium und stare per + Infinitiv

REGEL **stare + Gerundium**

Die Konstruktion stare + Gerundium, auch Verlaufsform genannt, beschreibt Handlungen, die in der Gegenwart gerade ablaufen, oder Vorgänge, die zu einem bestimmten Zeitpunkt in der Vergangenheit angedauert haben. Im Deutschen wird diese Konstruktion durch das Wort *gerade* in Verbindung mit dem Verb wiedergegeben.

Zur Bildung der Verlaufsform: Präsens oder Imperfekt von stare + Gerundium

Stiamo installando il computer nuovo. *Wir installieren gerade den neuen Computer.*
Cosa stai facendo? *Was machst du gerade?*
Quando sono andato a trovare Rosanna, stava stirando. *Als ich Rosanna besuchte, bügelte sie gerade.*
Stavano cenando quando li ho chiamati. *Sie aßen gerade zu Abend, als ich sie anrief.*

Das Gerundium wird wie folgt gebildet:

-are ➡ -ando
-ere ➡ -endo
-ire ➡ -endo

Bei den Verben auf -are wird die Endung -ando an den Verbstamm angehängt: installare ➡ install**ando**.
Bei den Verben auf -ere und -ire wird die Endung -endo an den Verbstamm angehängt: scrivere ➡ scriv**endo**; aprire ➡ apr**endo**.
Unregelmäßige Formen sind: bere ➡ bevendo; dire ➡ dicendo; fare ➡ facendo.

REGEL **stare per + Infinitiv**

Mit der Konstruktion stare per + Infinitiv werden Handlungen beschrieben, die unmittelbar bevorstehen oder die zu einem bestimmten Zeitpunkt in der Vergangenheit unmittelbar bevorstanden. Im Deutschen kann diese Konstruktion mit dem Ausdruck *im Begriff sein, etw. zu tun* wiedergegeben werden.

Zur Bildung dieser speziellen Form: Präsens oder Imperfekt von stare per + Infinitiv

Sto per uscire. *Ich bin dabei auszugehen.*
Dov'è papà? – Sta per tornare a casa. *Wo ist Vati? – Er kommt gleich nach Hause.*
Stavo per uscire e invece poi ha cominciato a piovere. *Ich war dabei auszugehen, aber dann hat es angefangen zu regnen.*
Stavamo per andare a letto, quando è squillato il telefono. *Wir waren dabei ins Bett zu gehen, als das Telefon läutete.*

1. Was tut Rocco gerade? Was tut er gerade nicht? Bilden Sie passende Sätze zum Bild.

(lavorare) Rocco non sta lavorando.

a *(rilassarsi)* ______

b *(leggere il giornale)* ______

c *(ascoltare la musica)* ______

d *(bere un caffè)* ______

e *(telefonare)* ______

f *(aprire un pacco)* ______

g *(scrivere un'e-mail)* ______

2. Bilden Sie Sätze mit dem Präsens von stare per + Infinitiv. Folgen Sie dem Beispiel.

io • partire per Londra — Sto per partire per Londra.

a Alberto • cominciare un nuovo lavoro ______.

b voi • uscire ______?

c i miei genitori • tornare ______.

d noi • concludere un affare importante ______.

e io • aprire un negozio in centro ______.

3. Wandeln Sie die Sätze mit der Verlaufsform stare + Gerundium oder der Konstruktion stare per + Infinitiv um. Folgen Sie den Beispielen.

In questo momento Ada mangia. — Ada sta mangiando.

Fra poco Ada esce. — Ada sta per uscire.

a In questo momento i bambini dormono. ______

b Fra poco comincia il Gran Premio. ______

c Fra poco vado dal parrucchiere. ______

d In questo momento Miriam fa la doccia. ______

e Fra pochi mesi Ida e Cesare divorziano. ______

f In questo momento andiamo a dormire. ______

4. Übersetzen Sie die deutschen Satzteile mit dem Imperfekt von stare + Gerundium oder mit dem Imperfekt von stare per + Infinitiv.

a Quando è venuta a trovarci mia madre, ______ *(Fabio und ich stritten gerade)*.

b *(Ich war dabei, zu zahlen)* ______, quando mi sono accorto che avevo dimenticato il portafoglio a casa.

c Ieri vi abbiamo visto in piazza con due ragazze! ______ *(Was tatet ihr gerade)*?

d *(Sie waren dabei, loszufahren)* ______, ma poi il treno è rimasto due ore fermo al Brennero.

57 Ora è necessario che Lei alleni le gambe.

Jetzt müssen Sie Ihre Beine trainieren.

Die nächsten fünf Kapitel behandeln den Konjunktiv – il congiuntivo –, dessen Gebrauch im Italienischen stark vom Deutschen abweicht.
Es gibt vier Zeitformen des congiuntivo: presente, passato, imperfetto und trapassato.
Der Gebrauch des italienischen Konjunktivs hängt von bestimmten Auslösern ab (→ Kap. 58): z. B. è necessario.
Ora è necessario che Lei alleni le gambe. *Jetzt müssen Sie Ihre Beine trainieren.*
(wörtlich: Jetzt ist es notwendig, dass Sie die Beine trainieren.)

Congiuntivo presente: Formen

REGEL Regelmäßige Verben

	allenare *trainieren*	**scrivere** *schreiben*	**partire** *abfahren*	**capire** *verstehen*
(io)	allẹni	scrịva	pạrta	capịsca
(tu)	allẹni	scrịva	pạrta	capịsca
(lui, lei, Lei)	allẹni	scrịva	pạrta	capịsca
(noi)	alleni**ạmo**	scrivi**ạmo**	parti**ạmo**	capi**ạmo**
(voi)	alleni**ạte**	scrivi**ạte**	parti**ạte**	capi**ạte**
(loro)	allẹn**ino**	scrịv**ano**	pạrt**ano**	capịsc**ano**

Alle drei Endungsformen im Singular sind gleich. Deshalb setzt man oft das Subjektpronomen (io, tu etc.) zur Unterscheidung ein. Die Verben auf -ere und -ire haben dieselben Endungen. Die Verben auf -ire wie capire behalten auch im congiuntivo die Erweiterung -isc-.

Bei den Verben auf -care und -gare wird – zur Beibehaltung des ursprünglichen Lautes – ein h vor der Konjunktivendung hinzugefügt: giocare ➡ gioc**h**i.

⇨ Unregelmäßige Verben

Die unregelmäßigen Verben richten sich bei der Bildung des congiuntivo nach der Gegenwartsform (Präsens) des Indikativs. Der Verbstamm ändert sich, während die Endungen des congiuntivo erhalten bleiben (→ Anhang). Die Endungen sind: -a, -a, -a, -iamo, -iate, -ano (wie bei den Verben auf -ere und -ire): fare ➡ faccio (Präsens Indikativ) ➡ faccia (congiuntivo).
Hier eine Liste einiger unregelmäßiger Verben.

		io, tu, lui / lei / Lei	noi	voi	loro	
andare	➡	vạda	andiạmo	andiạte	vạdano	*gehen*
avere	➡	ạbbia	abbiạmo	abbiạte	ạbbiano	*haben*
essere	➡	sịa	siạmo	siạte	sịano	*sein*
fare	➡	fạccia	facciạmo	facciạte	fạcciano	*machen*
venire	➡	vẹnga	veniạmo	veniạte	vẹngano	*kommen*

1. Entscheiden Sie, ob die unten stehenden Verbformen im congiuntivo presente regelmäßig oder unregelmäßig sind. Tragen Sie sie in das passende Feld ein.

regelmäßige Formen

apriate – leggano – senta – scriviamo – bevano – venga – sia – diciamo – vogliate – parlino

unregelmäßige Formen

2. Vervollständigen Sie folgende Tabelle mit den fehlenden Verbformen.

	regalare	vendere	sentire
(io)	______	______	______
(tu)	regali	______	______
(lui, lei, Lei)	______	______	______
(noi)	______	______	sentiamo
(voi)	______	______	______
(loro)	______	vendano	______

3. Schreiben Sie die entsprechende Infinitivform folgender Verben und entscheiden Sie, ob es sich um Indikativ Präsens (I) oder Konjunktiv (K) handelt. Achtung! Einige Verben können beides sein.

			I	K				I	K
	stai ➡	*stare*	X	☐	f	mantengono ➡	______	☐	☐
a	produca ➡	______	☐	☐	g	offra ➡	______	☐	☐
b	raccolgo ➡	______	☐	☐	h	dimagrisca ➡	______	☐	☐
c	sappiamo ➡	______	☐	☐	i	dobbiamo ➡	______	☐	☐
d	prendiate ➡	______	☐	☐	j	diate ➡	______	☐	☐
e	piangano ➡	______	☐	☐	k	lavori ➡	______	☐	☐

4. Vervollständigen Sie die Sätze mit den Verben im congiuntivo presente.

a È necessario che *(io / imparare)* ______ a guidare.
b Credo che Alessandro *(avere)* ______ un gatto siamese.
c Abbiamo paura che nostro figlio non *(superare)* ______ l'esame.
d I miei genitori vogliono che *(io / andare)* ______ a fare un master negli Stati Uniti.
e Penso che Paola e Giancarlo *(soffrire)* ______ molto per la perdita del nonno.
f Speriamo che la dottoressa Botteri *(venire)* ______ alla riunione domani.

58 Credo che Luigino attraversi una fase espressiva.

Ich glaube, Luigino durchläuft eine expressive Phase.

Congiuntivo presente: Gebrauch

REGEL Der congiuntivo presente wird verwendet, um Vermutungen, Meinungen, Wahrscheinlichkeit und Wünsche auszudrücken, die sich auf Handlungen der Gegenwart oder der Zukunft beziehen. Dabei steht das Verb des Hauptsatzes im Präsens und das Verb des Nebensatzes im congiuntivo presente.

Hauptsatz		Nebensatz	
Credo	Präsens	che Luigino attraversi una fase espressiva	gegenwärtige Handlung.

Ich glaube, Luigino durchläuft eine expressive Phase.

Spero	Präsens	che domani la lettera arrivi	zukünftige Handlung.

Ich hoffe, dass der Brief morgen ankommt.

! Wenn Hauptsatz und Nebensatz das gleiche Subjekt haben, wird der congiuntivo presente durch eine Infinitivkonstruktion ersetzt.
Maria spera che (~~Maria~~) superi l'esame. ➡ Maria spera di superare l'esame.
Maria hofft, dass sie die Prüfung besteht.

Gebrauch des congiuntivo

Die Formen des congiuntivo werden vor allem in Nebensätzen verwendet, die durch das Bindewort che *(dass)* eingeleitet werden. Konjunktivauslöser sind bestimmte Verben und Wendungen, die im Hauptsatz erscheinen.
Folgende Verben und Wendungen lösen den congiuntivo aus:

- Verben der subjektiven Meinungsäußerung, z. B. credere *(glauben)*, pensare *(denken)*, supporre *(vermuten)*;
  Credo che Luisa mi ami. *Ich glaube, Luisa liebt mich.*
- Verben, die Wunschvorstellungen und Hoffnung ausdrücken, z. B. desiderare *(wünschen)*, preferire *(vorziehen)*, sperare *(hoffen)*;
  Preferiamo che tu sappia la verità. *Wir ziehen es vor, dass du die Wahrheit kennst.*
- Verben, die Unsicherheit ausdrücken, z. B. sembrare *(scheinen)*, non essere sicuro *(nicht sicher sein)*;
  Mi sembra che non piova più. Es scheint mir, dass es nicht mehr regnet.
- bestimmte Ausdrücke mit dem Verb essere *(sein)*, die Erwartung, Wichtigkeit, Pflicht ausdrücken, z. B. è necessario *(es ist notwendig)*, è importante *(es ist wichtig)*.
  È necessario che Lei alleni le gambe. *Es ist notwendig, dass Sie Ihre Beine trainieren.*

1. Vervollständigen Sie die Sätze mit den angegebenen Verbformen.

si trasferiscano sappiate si arrabbi voglia ritorniamo faccia

a Ci sembra che qui nessuno ________________ aiutarci.
b Ho paura che mio padre ________________ , se prendo la sua macchina.
c È probabile che Teresa e Corrado ________________ ad Aosta.
d Suppongo che *(voi)* ________________ la verità.
e Preferisci che ________________ dopo?
f Mia sorella desidera che le ________________ da testimone di nozze.

2. Setzen Sie die Verben in den congiuntivo presente.

a Speriamo che Rosa *(arrivare)* ________________ in orario.
b Non voglio che *(tu / frequentare)* ________________ questi ragazzi!
c La mia amica pensa che *(io / dovere)* ________________ vestirmi più alla moda.
d È necessario che *(noi / vendere)* ________________ l'appartamento.
e Non siamo sicuri che Francesco ci *(potere)* ________________ accompagnare.
f Vogliamo che *(voi / imparare)* ________________ un po' d'inglese.
g Non trovi che il sugo *(essere)* ________________ troppo piccante?
h Penso che Laura e Silvia *(evitare)* ________________ di incontrarmi.

3. Wandeln Sie die Sätze um. Folgen Sie den Beispielen.

Secondo noi Emilio ha 50 anni. *Crediamo che Emilio abbia 50 anni.*
Secondo me supero l'esame. *Credo di superare l'esame.*
a Secondo me mia moglie non si rilassa mai. ________________
b Secondo noi quelle due dicono solo bugie. ________________
c Secondo loro *(loro)* sono i migliori! ________________
d Secondo voi la Juve vince lo scudetto? ________________
e Secondo me voi mangiate troppi dolci! ________________
f Secondo me *(io)* non ottengo il prestito. ________________

4. Bilden Sie Sätze im congiuntivo presente.

(io) / sperare / il Milan / vincere la partita *Spero che il Milan vinca la partita.*
a essere / utile / i miei genitori / aiutarci ________________
b (io) / sperare / il regalo / piacerti ________________
c mio padre / non volere / (io) / diventare un boxer ________________
d (noi) / preferire / (voi) / venire domani ________________

59 Penso che ti abbiano dato i biglietti sbagliati.

Ich denke, dass man dir die falschen Tickets gegeben hat.

Congiuntivo passato

REGEL Der congiuntivo passato wird aus den Formen des congiuntivo presente von essere und avere und dem Partizip Perfekt des Hauptverbs gebildet, z. B. abbiano parlato *(sie haben gesprochen)*, siano partiti *(sie seien gefahren)*.

congiuntivo presente von	avere	Partizip Perfekt
(io)	abbia	
(tu)	abbia	
(lui, lei, Lei)	abbia	parlato
(noi)	abbiamo	
(voi)	abbiate	
(loro)	abbiano	

congiuntivo presente von	essere	Partizip Perfekt
(io)	sia	
(tu)	sia	partito/-a
(lui, lei, Lei)	sia	
(noi)	siamo	
(voi)	siate	partiti/-e
(loro)	siano	

Der congiuntivo passato wird nach den allgemeinen Prinzipien des congiuntivo (→ Kap. 58) gebraucht (Ausdruck von Vermutungen, Meinungen, Wünschen usw.). Der Hauptsatz steht in der Gegenwart und bezieht sich jedoch in diesem Fall auf vorzeitige, schon abgeschlossene Handlungen.

Hauptsatz		Nebensatz	
Penso	Präsens	che ti abbiano dato i biglietti sbagliati	vorzeitige Handlung.

Ich denke, dass man dir die falschen Tickets gegeben hat.

Speriamo	Präsens	che il film non sia ancora cominciato	vorzeitige Handlung.

Hoffentlich hat der Film noch nicht angefangen.

! Haben Hauptsatz und Nebensatz das gleiche Subjekt, wird der congiuntivo passato durch eine Infinitivkonstruktion ersetzt.

(Io) Credo che (~~io~~) abbia preparato tutto. ➡ Credo di avere preparato tutto.
Ich glaube, dass ich alles vorbereitet habe.

(Noi) Temiamo che (~~noi~~) siamo arrivati troppo tardi. ➡ Temiamo di essere arrivati troppo tardi.
Wir fürchten, dass wir zu spät angekommen sind.

1. Setzen Sie die Verben in den congiuntivo passato.

a Sembra che Gianfranco *(chiudere)* ____________ il suo negozio d'abbigliamento.
b Non penso che i tuoi cugini *(arrivare)* ________ già ____________ .
c È bello che *(voi / festeggiare)* ____________ il Natale insieme a tutti i parenti.
d Speriamo che Oscar *(riposarsi)* ____________ un po'.
e Credo che il cane *(abbaiare)* ____________ tutta la notte.
f Suppongo che *(tu / mangiare)* non ____________ niente.

2. Wandeln Sie die Sätze um. Folgen Sie den Beispielen.

Secondo me Rita si è sbagliata. *Credo che Rita si sia sbagliata.*
Secondo Luisa *(Luisa)* non ha capito niente. *Luisa crede di non avere capito niente.*
a Secondo loro *(loro)* hanno perso tempo. ____________
b Secondo te Mario e Bianca sono partiti? ____________
c Secondo loro tu hai esagerato ieri sera. ____________
d Secondo me *(io)* sono ingrassato. ____________
e Secondo noi a Tina non è piaciuta la festa. ____________
f Secondo me ieri tutti hanno visto la finale. ____________

3. Bilden Sie Sätze im congiuntivo passato.

essere probabile / ieri / nevicare sulle Dolomiti
È probabile che ieri abbia nevicato sulle Dolomiti.

a (noi) / essere convinti / Lello / inventare una scusa
____
b (io) / sperare / le tue vacanze / andare bene
____
c (io) / augurarsi / (tu) / riappacificarsi con Clelia
____
d (loro) / pensare / (io) / riuscire a trovare una soluzione
____
e essere possibile / nessuno / vederci
____

4. Congiuntivo presente (→ Kap. 57) oder congiuntivo passato? Ergänzen Sie die Sätze mit der richtigen Zeitform.

a Pare che l'anno scorso Giuseppe *(ereditare)* ____________ due palazzi.
b Non sono sicura che mia madre mi *(permettere)* ____________ di venire in vacanza con voi.
c Grazie! È il regalo più bello che *(io / avere)* ________ mai ____________ .
d Rossella ha l'aspetto triste. Credo che *(lei / perdere)* ____________ il lavoro.
e Speriamo che domani il tempo *(essere)* ____________ bello.

Pensavo che ti piacesse il pesce …

Ich dachte, du magst Fisch …

Congiuntivo imperfetto

REGEL Die Formen des congiuntivo imperfetto werden aus dem Infinitiv des Verbs abgeleitet. Dabei wird die Infinitivendung um die letzte Silbe verkürzt und die Endungen des congiuntivo imperfetto (-ssi, -ssi, -sse, -ssimo, -ste, -ssero) werden angehängt: scrivere ➡ scrive-ssi.

	raccontare *erzählen*	**scrivere** *schreiben*	**partire** *abfahren*
(io)	raccontassi	scrivessi	partissi
(tu)	raccontassi	scrivessi	partissi
(lui, lei, Lei)	raccontasse	scrivesse	partisse
(noi)	raccontassimo	scrivessimo	partissimo
(voi)	raccontaste	scriveste	partiste
(loro)	raccontassero	scrivessero	partissero

Im congiuntivo imperfetto gibt es wenige unregelmäßige Verben. Die Unregelmäßigkeiten betreffen den Verbstamm, die Endungen des congiuntivo imperfetto bleiben hingegen erhalten (→ Anhang): bere *(trinken)* ➡ bevessi, …; dare *(geben)* ➡ dessi, …; dire *(sagen)* ➡ dicessi, …; essere *(sein)* ➡ fossi, …; fare *(machen, tun)* ➡ facessi, …; stare *(bleiben)* ➡ stessi, …

Der congiuntivo imperfetto wird nach den allgemeinen Prinzipien des congiuntivo (→ Kap. 58) gebraucht (Ausdruck von Vermutungen, Meinungen, Wünschen usw.), wenn das Verb des Hauptsatzes in der Vergangenheit steht, und wenn die Handlungen von Haupt- und Nebensatz gleichzeitig stattfinden bzw. die Handlung im Nebensatz nachzeitig ist.

Hauptsatz		Nebensatz	
Pensavo	Vergangenheit	che ti piacesse il pesce	gleichzeitige Handlung.

Ich dachte, du magst Fisch.

Speravo	Vergangenheit	che lui venisse più tardi	nachzeitige Handlung.

Ich hoffte, dass er später kommen würde.

! Wenn Hauptsatz und Nebensatz das gleiche Subjekt haben, wird der congiuntivo imperfetto durch eine Infinitivkonstruktion ersetzt.

(Io) Speravo che ~~(io)~~ ricevessi un aumento. ➡ Speravo di ricevere un aumento.

Ich hoffte, eine Gehaltserhöhung zu bekommen.

1. Vervollständigen Sie die Sätze mit den angegebenen Verbformen.

veniste giocassero riuscisse bevessi pagasse funzionasse

a Sembrava che la polizia non ______________ a trovare il colpevole.
b Mi pareva che il computer non ______________ .
c Mi aspettavo che almeno voi ______________ alla mia festa!
d Non sapevamo che quella ditta ______________ i suoi dipendenti così bene!
e Non immaginavo che Guido e Teresa ______________ con i loro bambini ogni sera.
f Danilo, non sapevo che ______________ tanto!

2. Wandeln Sie die Sätze um. Folgen Sie dem Beispiel.

Credo che Laura non sia a casa. *Credevo che Laura non fosse a casa.*
a Abbiamo paura che Enrico sia nei guai! ______________
b È importante che ne parliamo. ______________
c Suppongo che tu lo sappia. ______________
d Si augura che la situazione migliori. ______________
e Penso che Fabio ti ami. ______________
f Crediamo che vi capiscano. ______________

3. Bilden Sie Sätze im congiuntivo imperfetto oder, wenn nötig, mit einer Infinitivkonstruktion.

(io) / volere / (voi) / rimanere più a lungo *Volevo che rimaneste più a lungo.*
a (noi) / sperare / (loro) / decidere di restare ______________
b (lei) / non sapere / Renato / avere già 30 anni ______________
c (io) / sperare / (io) / essere incinta ______________
d (voi) / immaginare / la nostra casa / costare tanto ______________ ?
e (lui) / temere / (lui) / fare uno sbaglio ______________

4. Setzen Sie die Verben in den congiuntivo imperfetto.

a Immaginavo che lo *(tu / sapere)* ______________ .
b Milena era disperata e sperava che qualcuno *(ascoltare)* l'______________ .
c Non eravamo sicuri che *(loro / potere)* ______________ vederci.
d Era difficile che quel regalo gli *(piacere)* ______________ .
e Speravo che mia nonna mi *(insegnare)* ______________ a cucire.
f Avevano paura che i genitori lo *(scoprire)* ______________ .
g Ci sembrava che Alberto non *(trovarsi)* ______________ bene a Milano.
h Volevamo che *(voi / venire)* ______________ con noi.

61 Pensavo che se ne fosse dimenticato.

Ich dachte, er hätte es vergessen.

Congiuntivo trapassato

REGEL Der congiuntivo trapassato wird aus den Formen des congiuntivo imperfetto von essere und avere und dem Partizip Perfekt des Hauptverbs gebildet: z. B. avessero parlato *(sie hätten gesprochen)*, fossero partiti *(sie wären gefahren)*.

congiuntivo imperfetto von	avere	Partizip Perfekt
(io)	avessi	parlato
(tu)	avessi	
(lui, lei, Lei)	avesse	
(noi)	avessimo	
(voi)	aveste	
(loro)	avessero	

congiuntivo imperfetto von	essere	Partizip Perfekt
(io)	fossi	partito/-a
(tu)	fossi	
(lui, lei, Lei)	fosse	
(noi)	fossimo	partiti/-e
(voi)	foste	
(loro)	fossero	

Der congiuntivo trapassato wird nach den allgemeinen Prinzipien des congiuntivo (→ Kap. 58) gebraucht (Ausdruck von Vermutungen, Meinungen, Wünschen usw.), wenn das Verb des Hauptsatzes in der Vergangenheit steht, und wenn die Handlung im Nebensatz vor der Handlung im Hauptsatz stattgefunden hat und abgeschlossen ist.

Hauptsatz	Nebensatz
Pensavo Vergangenheit	che se ne fosse dimenticato vorzeitige Handlung.

Ich dachte, er hätte es vergessen.

Non credevo che Ernesto e Sandra avessero divorziato.

Ich wusste nicht (wörtlich: *glaubte nicht*), *dass sich Ernesto und Sandra hatten scheiden lassen.*

! Wenn Hauptsatz und Nebensatz das gleiche Subjekt haben, wird der congiuntivo trapassato durch eine Infinitivkonstruktion ersetzt.

Lui immaginava che (~~lui~~) avesse capito tutto. ➡ Lui immaginava di avere capito tutto.

Er vermutete, dass er alles verstanden hätte.

(Io) Speravo che (~~io~~) fossi dimagrito. ➡ Speravo di essere dimagrito.

Ich hoffte, dass ich abgenommen hätte.

1. Setzen Sie die Verben in den congiuntivo trapassato.

a La mia insegnante pensava che non *(io / studiare)* ________________ .
b Non sapevo che *(voi / essere)* ________________ nei Caraibi!
c Credevamo che lo *(loro / sapere)* ________________ .
d Gli pareva strano che Letizia non *(chiamare)* __________ più ________________ .
e Era felice che le *(loro / dare)* ________________ una promozione.
f Pensavano che *(noi / uscire)* __________ già ________________ .

2. Wandeln Sie die Sätze um. Folgen Sie dem Beispiel.

Crede che io abbia mentito. *Credeva che io avessi mentito.*
a Credo che Nino non abbia dormito a casa. ________________
b È possibile che abbia nevicato a lungo. ________________
c Spero che le mie piante siano cresciute. ________________
d Crede che *(io)* abbia letto quel libro. ________________
e Pensano che abbiamo finito. ________________
f È probabile che i prezzi siano aumentati. ________________

3. Bilden Sie Sätze im congiuntivo trapassato oder, wenn nötig, mit einer Infinitivkonstruktion.

(io) / non sapere / (tu) / avere un incidente
Non sapevo che avessi avuto un incidente.

a (io) / temere / (io) / deludere i miei genitori
____
b (noi) / sperare / Liliana / preparare un piatto orientale
____
c nessuno / immaginare / quel tipo / uccidere tante persone
____
d (io) / sperare / (tu) / non soffrire tanto
____
e Aldo / non sapere / (Aldo) / prendere una multa
____

4. Congiuntivo imperfetto (→ Kap. 60) oder congiuntivo trapassato? Ergänzen Sie die Sätze mit der richtigen Zeitform.

a Mio padre desiderava che *(io / fare)* ________________ la carriera militare.
b Non sapevo che tua nonna *(morire)* ________________ . Mi dispiace.
c Pensavamo che, ieri sera, i vicini ci *(sentire)* ________________ suonare e cantare.
d Volevo solo che mi *(voi / aiutare)* ________________ a riparare una sedia.
e Non immaginavo che anche al sud *(potere)* ________________ piovere tanto!
f Era un peccato che, ieri, Andrea e Barbara *(dovere)* ________________ rimanere a casa.

62 Se fossi ricco, studierei enologia.

Wenn ich reich wäre, würde ich Weinkunde studieren.

Bedingungssätze

REGEL Bedingungssätze verwendet man, um darzustellen, was unter bestimmten Umständen geschehen wird, geschehen könnte oder hätte geschehen können.
Ein Bedingungssatz besteht aus zwei Teilen, der Bedingung und ihrer Folge. Im Italienischen wird die Bedingung mit dem Wort se eingeleitet. Der se-Satz kann sowohl vorangestellt als auch nachgestellt werden.

Bedingung	Folge		Folge	Bedingung
Se fa bel tempo,	vado al mare.	/	Vado al mare,	se fa bel tempo.

Wenn das Wetter schön ist, fahre ich ans Meer. / Ich fahre ans Meer, wenn das Wetter schön ist.

Es gibt drei Typen von Bedingungssätzen, die nach folgenden Mustern gebildet werden:

Typ I **se + Präsens (Indikativ) + Präsens (Indikativ) / se + futuro semplice + futuro semplice**
Bedingung und Folge sind erfüllbar.
Se non vengo, ti chiamo. *Wenn ich nicht komme, rufe ich dich an.*
Se verrai, ti divertirai. *Wenn du kommst, wirst du dich amüsieren.*

Typ II **se + congiuntivo imperfetto + condizionale presente**
Bedingung und Folge sind möglich, jedoch nicht sehr wahrscheinlich.
Se fossi ricco, studierei enologia. *Wenn ich reich wäre, würde ich Weinkunde studieren.*

Typ III **se + congiuntivo trapassato + condizionale passato / se + imperfetto + imperfetto**
Bedingung und Folge sind denkbar, aber nicht mehr erfüllbar.
Se avessi avuto tempo, sarei venuto. *Wenn ich Zeit gehabt hätte, wäre ich gekommen.*
Se lo sapevo, te lo dicevo. (Diese Konstruktion wird nur in der gesprochenen Sprache verwendet.) *Wenn ich das gewusst hätte, hätte ich es dir gesagt.*

1. Vervollständigen Sie die Sätze mit den angegebenen Verbformen.

decidiamo regaleremo dicevi saremmo venuti tagliassi potremmo

a Se ti ________________ i capelli, sembreresti più giovane.
b Se ________________ di andare al cinema, te lo facciamo sapere.
c Se ci aveste avvertito, ________________ a prendervi alla stazione.
d Se farai il bravo, a Natale ti ________________ il cellulare nuovo.
e Se me lo ________________, ti aiutavo.
f Se non fosse già tardi, ________________ fare una partita a carte.

2. Wandeln Sie die Sätze um. Folgen Sie dem Beispiel.

Se non piove, vado in piscina. → *Se non piovesse, andrei in piscina.*

a Se abbiamo tempo, ci iscriviamo a un corso di cucina.

____

b Se Cinzia si sposa con Mario, suo fratello deve cambiare casa.

____

c Se ho un aumento, compro un'auto nuova.

____

d Se trovano i biglietti, vanno a vedere la partita.

____

3. Wandeln Sie die Sätze um. Folgen Sie dem Beispiel.

Se partissi prima, arriverei in tempo. → *Se fossi partito prima, sarei arrivato in tempo.*

a Se *(io)* vincessi il primo premio della lotteria, smetterei di lavorare.

____

b Se *(tu)* mangiassi di meno, ti sentiresti meglio.

____

c Se Liana trovasse un monolocale, accetterebbe quel lavoro.

____

d Se invitaste anche Maurizio, sarebbe meglio!

____

4. Ergänzen Sie die Sätze mit der richtigen Zeitform.

a Se io leggessi di più, forse *(avere)* ________________ più fantasia.
b Se domani fa caldo, *(noi / andare)* ________________ al mare?
c Se le *(tu / dire)* ________________ la verità subito, non si sarebbe arrabbiata tanto.
d Se *(tu / smettere)* ________________ di fumare, ti passerebbe la tosse!
e Se mi avvisavate, la *(fare)* ________________ io la spesa.
f Se sarò promosso, *(io / potere)* ________________ andare in vacanza con i miei amici!

Lo stavo riempiendo quando è squillato il telefono.

Ich füllte sie gerade auf, als das Telefon klingelte.

Konjunktionen

REGEL Konjunktionen (Bindewörter) dienen dazu, zwei oder mehrere Sätze oder Satzteile miteinander zu verbinden.
In diesem Kapitel sind die wichtigsten italienischen Konjunktionen aufgelistet.

Nach folgenden Konjunktionen wird der Indikativ (presente, passato prossimo, imperfetto, trapassato prossimo oder futuro) verwendet.

e / ed (vor dem Vokal e) *und*	Ho un cane e un gatto. *Ich habe einen Hund und eine Katze.*
o / oppure *oder*	Mangiamo carne o pesce? *Essen wir Fleisch oder Fisch?*
anche / pure *auch*	Veniamo anche noi! *Wir kommen auch mit!*
ma / però *aber*	Vengo a trovarti, ma rimango poco. *Ich besuche dich, bleibe aber nicht lange.*
quindi / perciò *also / deshalb*	C'era molto traffico perciò siamo arrivati tardi. *Es war viel Verkehr, deshalb sind wir zu spät angekommen.*
sia ... sia / che *sowohl ... als auch*	Mi piace sia la carne che il pesce. *Ich mag sowohl Fleisch als auch Fisch.*
mentre *während*	Mentre il professore parlava, mi sono addormentato. *Während der Lehrer sprach, bin ich eingeschlafen.*
quando *wenn / als*	Lo stavo riempiendo quando è squillato il telefono. *Ich füllte sie gerade auf, als das Telefon klingelte.*
appena *sobald*	Appena arrivi, chiamami. *Ruf mich an, sobald du ankommst.*
siccome / dato che *da*	Dato che è ancora presto, possiamo vederci un film. *Da es noch früh ist, können wir uns einen Film anschauen.*
perché *weil*	Oggi non lavoro perché sono malato. *Heute arbeite ich nicht, weil ich krank bin.*

Nach folgenden Konjunktionen muss man hingegen den congiuntivo (→ Kap. 57–61) verwenden.

sebbene / nonostante *obwohl*	Sebbene fosse in ritardo, lo hanno fatto entrare. *Obwohl er sich verspätet hatte, haben sie ihn hereingelassen.*
affinché *damit*	Lo dico affinché tu lo sappia. *Ich sage es, damit du es weißt.*
prima che *bevor*	Torniamo a casa prima che inizi a piovere. *Lass uns heimgehen, bevor es anfängt zu regnen.*

1. Kreuzen Sie die richtige Konjunktion an.

a Vogliamo uscire ... preferisci rimanere a casa?
- ma
- oppure

b Le mie sorelle si chiamano Beatrice ... Rossana.
- anche
- e

c ... finisci l'esame, avvisami.
- Appena
- Perché

d Adoro sia la pittura ... la scultura.
- che
- e

e ... studio, ascolto la musica.
- Siccome
- Mentre

f Michele è intelligente e ... carino.
- pure
- quindi

2. Bringen Sie die Satzteile in die richtige Reihenfolge.

a ~~stavamo~~ | la TV, | è andata via | quando | guardando | la luce

Stavamo ______________________________.

b e un po' | ~~ieri sera~~ | una minestra | ho mangiato | di formaggio

Ieri sera ______________________________.

c sia | mi sento | in vacanza, | stressato | ~~nonostante~~

Nonostante ______________________________!

d tutto in ordine | arrivino | prima che | ~~mettiamo~~ | gli ospiti

Mettiamo ______________________________.

e e anche | hai | ~~la moto~~ | la macchina

__________ la moto ______________________________?

f ho comprato | perciò | un panino | ~~avevo fame~~ | con la mortadella

Avevo fame ______________________________.

3. Setzen Sie die passende Konjunktion ein.

mentre | siccome | appena | sebbene | affinché | però | perché | sia

a Ve lo ripeto __________ lo ricordiate.
b Beh, __________ insisti tanto, accetto l'invito!
c Gemma e Salvo si sono lasciati __________ lei si è innamorata di un altro.
d __________ arriva l'estate, voglio andare in vacanza.
e Sara è una bella ragazza, __________ è proprio noiosa!
f __________ Teresa cuciva, Giulio leggeva il giornale.
g Paolo ha sempre l'aspetto infelice, __________ abbia un buon lavoro.
h Mi piacciono __________ le gonne sia i pantaloni.

64 Noi non siamo stati invitati.

Wir sind nicht eingeladen worden.

* Wir sind die vom Stockwerk tiefer!

Das Passiv

Wie im Deutschen unterscheidet man auch im Italienischen zwischen Aktivsätzen und Passivsätzen.
In einem Aktivsatz wird ausgedrückt, wer etwas tut, z. B. L'architetto Valle ha progettato la scuola *(Der Architekt Valle hat das Schulgebäude entworfen).*
In einem Passivsatz wird ausgedrückt, was mit jemandem oder etwas geschieht, z. B. Questa scuola è stata progettata l'anno scorso *(Dieses Schulgebäude wurde letztes Jahr entworfen).*

REGEL Im Italienischen wird die Passivform nach folgenden Mustern gebildet:

essere + Partizip Perfekt oder venire + Partizip Perfekt

Das Partizip Perfekt richtet sich in Geschlecht und Zahl nach dem Subjekt.
Noi non siamo stati invitati. *Wir sind nicht eingeladen worden.*
La casa viene venduta. *Das Haus wird verkauft.*

Die handelnde Person, der Urheber, wird in Passivsätzen durch die Präp. da *(von)* bezeichnet.
La festa è stata organizzata da Luca. *Die Party wurde von Luca organisiert.*

! Die Passivform mit venire wird nur in den einfachen, nicht zusammengesetzten Zeitformen verwendet (Präsens, imperfetto, futuro semplice ...), die Passivform mit essere hingegen in allen Zeitformen (Präsens, passato prossimo ...).
venire ➡ La chiesa viene ristrutturata. (Präsens) *Die Kirche wird renoviert.*
Il palazzo verrà abbattuto. (futuro semplice) *Das Gebäude wird abgerissen werden.*
essere ➡ Pietro è apprezzato da tutti. (Präsens) *Pietro wird von allen geschätzt.*
Loro sono stati derubati. (passato prossimo) *Sie sind bestohlen worden.*

1. Kreuzen Sie die richtige Form an.

a La bolletta ... ieri.
- ☐ è stata pagata
- ☐ sarà pagata

b Le poltrone ... domani.
- ☐ venivano consegnate
- ☐ verranno consegnate

c La lavastoviglie ... al più presto.
- ☐ sarebbe riparata
- ☐ deve essere riparata

d Credo che il colpevole ....
- ☐ sia stato trovato
- ☐ viene trovato

e In centro ... due edifici.
- ☐ vengano ristrutturati
- ☐ sono stati ristrutturati

f Chi ... sabato alla festa?
- ☐ veniva invitato
- ☐ verrà invitato

2. Wandeln Sie die Sätze um, indem Sie die Passivform mit essere oder venire verwenden.

(Marta) ha cotto l'arrosto al forno. → L'arrosto è stato cotto al forno.

a Spediremo gli inviti con molto anticipo.

____

b Hanno giocato la partita allo stadio San Siro di Milano.

____

c Penso che *(Melania)* abbia lasciato Gigi.

____

d Producono la mozzarella in Campania.

____

e Tanti anni fa *(nessuno)* usava Internet.
Tanti anni fa Internet non ____________________

f *(L'operaio)* ha completato tutte le riparazioni.

____

g *(La segretaria)* sposterà gli appuntamenti dell'avvocato.

____

3. Vervollständigen Sie die Sätze mit essere oder venire in der richtigen Zeitform.

a *(noi)* ________________ invitati alla festa solo ieri!
b La pinacoteca ________________ inaugurata la settimana prossima.
c Questo libro ________________ pubblicato l'anno scorso.
d Sembra che ________________ uccise almeno trenta persone.
e Roma ________________ visitata ogni anno da milioni di turisti.
f Allora, ________________ arrestati i rapinatori? – Sì, ieri.

Wählen Sie die richtige Form.

futuro semplice und futuro anteriore

1. L'anno prossimo (io) ... a studiare il latino.
   a) comincerai
   b) comincerò
2. Domani (noi) ... il risultato delle analisi.
   a) sapranno
   b) sapremo
3. Chi ... alla tua festa di compleanno?
   a) verrà
   b) verrete
4. Quando è finito lo spettacolo? – ... state le undici.
   a) Saranno
   b) Avranno
5. Laura ha un aspetto splendido! ... fatto una dieta.
   a) Sarà
   b) Avrà
6. Le piante si sono seccate! – Le ... troppo.
   a) innaffierai
   b) avrai innaffiate

stare + Gerundium und stare per + Infinitiv

7. Flora ... un dolce.
   a) sta facendo
   b) stai facendo
8. Mi dispiace, non posso. ... uscire.
   a) Sto
   b) Sto per
9. Quando sono arrivati i miei zii, ...
   a) stiamo cenando
   b) stavamo cenando
10. ... andare a letto, quando ha telefonato Carla.
    a) Stavo per
    b) Sto per

congiuntivo

11. È necessario che (Lei) ... subito questi documenti.
    a) spedisce
    b) spedisca
12. Credo che Lia e Vera ... tutto.
    a) sappiano
    b) sappiamo
13. Ho paura ... il lavoro.
    a) che io perda
    b) di perdere
14. Pensate che (lui) ... la verità?
    a) dica
    b) dicano
15. Speriamo che non ... ancora arrivati.
    a) abbiano
    b) siano
16. Sembra che ieri la polizia ... due ricercati.
    a) arresti
    b) abbia arrestato
17. Pensi che domani Rossana ci ... una mano?
    a) dia
    b) abbia dato
18. Speravo che (tu) mi ... almeno un'e-mail!
    a) scrivessi
    b) scrivesse

19. Non sapevamo che (voi) ... così sportivi.
    a) fosse
    b) foste

20. Volevo ... la partita.
    a) che (io) vincessi
    b) vincere

21. Pensavo che ... già partiti.
    a) aveste
    b) foste

22. Non sapevo che ... i ladri a casa tua. Che cosa hanno rubato?
    a) fossero venuti
    b) venissero

23. I miei genitori desideravano che ... medico.
    a) diventassi
    b) fossi diventato

Bedingungssätze

24. Se fossi ricco, ... di lavorare.
    a) smettessi
    b) smetterei

25. Se ce lo avessi detto, ti ... .
    a) avremmo aiutato
    b) aiuteremmo

26. Se non pioverà, ... a calcio.
    a) giocheremo
    b) giocheremmo

Konjunktionen

27. ... ricevo il primo stipendio, mi compro la macchina.
    a) Perciò
    b) Appena

28. ... lo avessi avvertito, è venuto lo stesso.
    a) Siccome
    b) Sebbene

Passiv

29. Perché non ... stati invitati?
    a) siete
    b) venite

30. Il congresso è sponsorizzato ... una ditta americana.
    a) da
    b) di

Lust auf noch mehr Tests?
Dann ab ins Netz und weitermachen:
https://go.hueber.de/power-grammatik/italienisch

Vergleichen Sie nun Ihre Lösungen mit dem Schlüssel auf S. 161. Wenn Sie Aufgaben nicht richtig gelöst haben, wiederholen Sie noch einmal das betreffende Kapitel. Diese Tabelle zeigt Ihnen, auf welches Kapitel sich die einzelnen Aufgaben beziehen.

Aufgabe	Kapitel	Aufgabe	Kapitel	Aufgabe	Kapitel	Aufgabe	Kapitel	Aufgabe	Kapitel
1	54	7	56	13	57/58	19	60	25	62
2	54	8	56	14	57/58	20	60	26	62
3	54	9	56	15	59	21	61	27	63
4	55	10	56	16	59	22	61	28	63
5	55	11	57/58	17	59	23	61	29	64
6	55	12	57/58	18	60	24	62	30	64

1

1 *männlich:* libro, tramezzino, vino, spumante, mare, ragazzo
weiblich: carne, bicicletta, acqua, birra, casa, pensione
2 a piatti; b treni; c insalate; d ristoranti; e finestre; f pomodori; g bicchieri; h colazioni; i lampade; j televisioni
3 pesce / pesci; bottiglia / bottiglie; studente / studenti; limone / limoni; signora / signore; giorno / giorni; cornetto / cornetti; persona / persone
4 lingue (w); prenotazioni (w); pollo (m); canzone (w); lavori (m); ospedali (m); antipasto (m); strada (w)

2

1 *männlich: (Singular)* film, dentista, albergo, dramma; *(Plural)* problemi, film, amici
weiblich: (Singular) dentista, auto, moto, città; *(Plural)* auto, moto, città, amiche
2 a problema; b auto; c università; d cameriera *(Cameriera ist nur weiblich, während die anderen Wörter männlich und weiblich sein können.)*
3 sport / sport; città / città; amico / amici; problema / problemi; foto / foto; turista / turisti; cuoco / cuochi; critico / critici; parco / parchi; cinema / cinema
4 caffè / caffè; verità / verità; barca / barche; computer / computer; programma / programmi; tecnico / tecnici; diploma / diplomi; albergo / alberghi; psicologo / psicologi; dentista / dentisti/e

3

1 il: cappotto, mare;
lo: specchio, psicologo;
la: macchina, giacca;
l': ascensore, orologio;
i: mobili, biglietti;
gli: spettacoli, uffici;
le: telefonate, aranciate
2 le (sedie), lo (yogurt), l'(aeroporto), i (libri), gli (ospedali), il (vaso), l'(auto), gli (scandali)
3 a il; b Lo; c l'; d la; e I; f gli; g le; h i
4 b 10 l'(autobus) / gli autobus; c 6 l'(esame) / gli esami; d 8 il (piatto) / i piatti; e 4 lo (scherzo) / gli scherzi; f 9 la (zuppa) / le zuppe; g 2 l'(isola) / le isole; h 1 lo (zaino) / gli zaini; i 3 la (stazione) / le stazioni; j 5 il (record) / i record

4

1 a Dottor Laurenzi, come sta? c Adoro il calcio. d Il mio colore preferito è il verde. f Carlo è un ragazzo simpatico. h La Sardegna è un'isola splendida.
2 a —, —; b —; c le; d L'; e la; f —; g l', lo; h —; i il; j Il
3 a il giapponese; b Australia; c Il bianco; d di argento / d'argento; e la signora Rossi; f La seta; g Signor Cinque; h La Grecia; i di pelle; j le sette

5

1 un': agenda, estate;
una: crema, scuola, stagione;
uno: pseudonimo, zoo;
un: animale, pettine, gatto
2 un (favore), un (anno), un (ascensore), un'(italiana), un'(edicola), un (elicottero), un'(ora), un (orologio), un (cane), un'(idea), un'(auto), un (aereo), un (impermeabile), un (programma), un'(offerta)
3 a una; b uno; c un'; d uno; e una; f un; g un; h un'; i un; j un
4 un uccello, una lampada, un albero,

un ombrello, una chiave, un'anatra, uno specchio, una tazza

6

1 a Non avete la macchina?
b Gabi e Jürgen sono di Stoccarda.
c Abbiamo paura di guidare.
d Di dove sei? e Siamo a casa.
f Giuseppe ha fretta. g Sono alla stazione.
2 b ha, 7; c sei, 1; d hanno, 8; e ho, 6; f abbiamo, 2; g è, 3; h sono, 5
3 a sei; b Ho; c avete; d è; e sono; f hanno; g Siamo
4 a È; b sono; c ho; d siete; e Avete; f hai; g siamo; h hanno

7

1 c'è: una lampada, un tavolo, un divano, un tappeto;
ci sono: due poltrone, due quadri, tre piante, quattro cuscini, quattro sedie
2 a c'è; b ci sono; c ci sono; d c'è; e ci sono; f ci sono; g c'è
3 a c'è; b ci sono; c è; d c'è; e sono; f è
4 a è; b c'è; c ci sono; d ci sono; e sono; f c'è; g è; h sono

8

1 -are: noi giochiamo, loro comprano;
-ere: loro scrivono, noi ridiamo, voi mettete, tu chiudi;
-ire: lui / lei / Lei capisce, voi partite, tu preferisci
2 a leggo; b suona; c finisce; d lavorate; e dormono; f vedi; g parlano; h Preferisco
3 a Canto; b ascoltiamo; c parte; d chiudono; e comincia; f vivete; g Preferisce; h apro; i finiamo; j prende
4 a Preferisco; b Torniamo; c Mangiano; d Vivo; e Chiudiamo; f Parto

9

1 a Possiamo vedere il film di Guadagnino! b Devo invitare Marco. c Signora, vuole venire a teatro domani? d Sapete suonare la chitarra? e Perché vuoi imparare l'italiano? f Gigi e Franco devono fare un esame.
2 devo; Vuoi; Possiamo; so; dobbiamo; vogliamo
3 a posso; b può / deve; c devi; d vogliamo; e puoi; f Volete; g Devo; h vuole; i dovete; j voglio
4 a Posso; b Sai; c sa; d potete; e sappiamo; f possono

10

1 io: riesco, vengo, sto;
tu: esci, sali, dici;
lui / lei / Lei: viene, dà, va;
noi: scegliamo, diamo;
voi: dite, bevete;
loro: siedono, rimangono, vanno
2 a stai, 4 sto; b andiamo, 1 Veniamo; c vengono, 5 rimangono; d fate, 2 Usciamo; e beve, 6 bevo; f dai, 3 esci
3 a La mattina Caterina e Danilo escono alle 7.00. b Riesci a tornare in orario oggi? c Quando venite a trovarmi? d Scusi, siede Lei qui? e Faccio una passeggiata in centro. f Allora rimani a cena?
4 a vado; b diamo; c stanno; d dici; e escono; f bevete; g rimango

11

1 -arsi: mi pettino, ci sposiamo, si taglia, ti addormenti;
-ersi: ci conosciamo, mi siedo;
-irsi: si veste, si sentono, vi divertite
2 Mi alzo; mi faccio; mi vesto; mi riposo; mi incontro; ci divertiamo; mi addormento; Ti iscrivi

3 a ti impegni; b mi sposo; c si sente; d mi metto; e ci conosciamo; f ti chiami; g vi alzate
4 a Non vuoi riposarti un po'?
b Roberto non sa farsi nemmeno un caffè!
c Vi potete sedere qui se volete. d È tardi! Ci dobbiamo sbrigare. e Comincio ad annoiarmi a questa festa. f I tuoi amici non sanno vestirsi.

12

1 b 4; c 1; d 2; e 5
2 a si beve; b ci si mette; c si va; d si vendono; e si raccontano; f si dorme; g si fa; h si organizzano
3 a Alle scuole elementari si impara a leggere e scrivere. b A San Silvestro si festeggia l'arrivo dell'anno nuovo.
c Al casinò si scommette, si vince o si perde.
d In Turchia non si mangia carne di maiale.
e In Italia in estate si va in montagna o al mare. f Dal giornalaio si comprano riviste e giornali.
4 In chiesa ci si sposa in abito bianco. In macelleria si compra la carne. Al circo si esibiscono gli animali feroci. In discoteca si balla fino al mattino.

Test 1

1a, 2b, 3a, 4b, 5a, 6a, 7a, 8b, 9a, 10b, 11b, 12a, 13a, 14a, 15b, 16b, 17b, 18a, 19a, 20b, 21b, 22b, 23a, 24a, 25b, 26a, 27a, 28a, 29b, 30a

13

1 a 6; b 3; c 8; d 2; e 7; f 1; g 5; h 4
2 eleganti, sinceri, bionde, interessante, grandi, rossa, caldo, verde
3 a Il treno è lento. b I maglioni sono piccoli. c I caffè sono dolci. d La casa è costosa. e La signora è vecchia / anziana. f I ragazzi sono bassi. g Le gonne sono nuove.
4 a cari; b comoda, economica; c simpatico, carino; d centrale; e italiane; f eleganti; g rossa; h cinese

14

1 b 1; c 6; d 7; e 8; f 2; g 5; h 3
2 a un bell'animale; b tante belle storie; c un buon consiglio; d due buoni aperitivi; e due belle auto; f un bel bambino; g due buoni studenti
3 a bella; b belli; c begli; d bell'; e bei; f bello; g bell'; h bel
4 a buona; b Buon; c buono; d buon'; e buoni; f buone

15

1 -o/-a: direttamente, tranquillamente, silenziosamente;
-e: debolmente, elegantemente, dolcemente;
eigene Formen: adesso, poco, tardi, abbastanza
2 improvvisamente, rumoroso, speciale, regolarmente, brevemente, generalmente
3 sotto = *unten*, spesso = *oft*, lontano = *weit*, mai = *nie*, ancora = *noch*, poco = *wenig*, sempre = *immer*, dentro = *innen*, oggi = *heute*, là = *dort*
4 b 5; c 2; d 1; e 3; f 6

16

1 b 3; c 6; d 1; e 7; f 2; g 4
2 a inutile *(Adj.)*; b sempre / volentieri *(Adv.)*; c sempre *(Adv.)*; d molta *(Adj.)*; e belli *(Adj.)*; f molto *(Adv.)*; g lontane *(Adj.)*
3 a particolare; b perfettamente; c comodamente; d tranquilla; e raramente; f veramente; g elegante; h tipici
4 a buono; b bene; c bene; d bene; e buoni; f buona; g bene; h buone

17

1 in: Inghilterra, autunno, Africa, aereo, Liguria, Sicilia, chiesa, banca;
a: Ischia, righe, Pasqua, Venezia
2 a in, a; b in; c In, a; d in; e in, a; f a; g a; h in; i a; j a; k a; l a
3 a Nel; b Nella; c nello; d nei; e Negli; f nelle
4 a al; b alle; c al; d all'; e ai; f alla

18

1 b Il gatto siamese di Pietro scappa sempre! c Porto i fiori in sala da pranzo. d La mia amica Mercedes è di Madrid. e Vorrei un chilo di patate, per piacere. f Ti piace la mia borsa di pelle? g Luisa è malata da tre giorni. h Stasera ceniamo da mia zia.
2 a di; b da; c di; d Da; e di; f di; g da; h da; i di; j Di; k Da; l da
3 a dei; b del; c della; d delle; e dello; f degli
4 a Dal; b dalle; c dai; d dall'; e Dalla; f dallo

19

1 a sull'; b con; c Su; d con; e con; f sulle
2 a per; b per; c tra / fra; d per; e Tra / Fra; f per
3 a Vado al museo per vedere la mostra di de Chirico. b Francesco finisce gli studi fra un anno. c Pago il telefonino con la carta di credito. d Per la luna di miele vogliamo una camera con vista sul mare. e Tra l'Italia e la Spagna c'è il Mare Mediterraneo.
4 a per; b con; c Tra / Fra; d per; e sulle; f per; g tra / fra; h per

20

1 sessanta, seimila, tredici, diciotto, mille, cinque, quattro, ventuno, due, nove, zero, tremila, uno, tre
2 a cinquantotto; b centoventicinque; c ottomila; d sessantasei; e quattrocentoventitré; f novanta; g trentatré; h dodici; i settantasei; j ventimila; k millenovecentonovantadue; l tre milioni
3 a trentesimo; b decimo; c centesimo; d settimo; e secondo; f cinquantesimo; g diciottesimo; h sesto; i millesimo; j sedicesimo; k quarto; l ventitreesimo
4 a un milione di euro; b il terzo piano; c le prime parole; d due miliardi di persone; e la quinta traversa; f i primi amici

21

1 a le dieci; b sono; c alle; d Il primo; e un quarto; f Il sei
2 a meno; b e; c e; d meno; e meno; f e
3 a Sono le nove e dieci. b È mezzogiorno e mezzo/mezza. c È mezzanotte meno dieci. d Sono le undici e diciotto. e Sono le cinque e trentacinque. f È l'una meno venti.
4 a Che giorno è oggi? b Sono le cinque e trentacinque. c A che ora parte il treno? d Pranzo all'una. e Oggi è il tre luglio. f Rosa si alza alle sette.

22

1 del: pane, pesce; dello: zafferano, spumante; dell': aranciata, acqua, aceto; della: pasta; dei: fiori, giornali; degli: gnocchi, zucchini; delle: pere, albicocche
2 delle carote, dei carciofi, dello zucchero, dell'aglio, del latte, del formaggio, dell'insalata, della farina, dell'uva, delle uova

3 a della birra; b dei funghi; c degli spaghetti; d dell'ananas; e del vino; f dello yogurt; g della mortadella; h dell'acqua minerale; i dei cioccolatini
4 a di, dello; b del; c di; d delle; e degli; f di; g della; h di, dell'

23

1 a No, non ti amo. b Sì, la mangio. c Sì, lo vedo. d No, non vi veniamo a trovare.
e Sì, le ho. f Sì, La posso aiutare.
2 ... Li ho in una grande cesta. ... Tutte le mie amiche la vorrebbero avere / vorrebbero averla. Io ho anche altre bambole, ma le lascio sempre nella cesta perché non mi piacciono più. ... Lo adoro e gioco tutti i giorni con lui. Prendiamo la mia bambola e giochiamo con lei per ore. Luca e la bambola, io amo solo loro!
3 a me; b te; c ci; d loro; e vederla; f ti; g li; h lei
4 b 2; c 6; d 4; e 1; f 5; g 7

24

1 b 5; c 1; d 6; e 3; f 4
2 a No, non mi piace. b Sì, ti telefono.
c Sì, vi preparo dei tramezzini. d No, non ci serve. e Sì, le regalo uno smartwatch!
f Sì, gli dispiace sicuramente moltissimo!
3 a Perché non mi spieghi come funziona il lettore DVD? b Non gli interessa il calcio.
c Signora Lusani, mi dispiace non Le posso dare / non posso darLe un aumento.
d Il tecnico ci consiglia di comprare una lavatrice nuova. e Non vi manca niente, vero?
f Perché non ti piace vedere la partita la domenica?
4 a Le; b te; c le; d voi; e mi; f ci; g offrirvi; h gli

25

1 a Me le; b Glielo; c Gliele; d ve la; e Gliela; f Ce la; g te lo; h me li
2 a I nostri genitori ce lo regalano.
b Quando ve la dobbiamo restituire?
c Glielo puoi prendere / Puoi prenderglielo?
d Me li dai? e Adesso te la racconto.
f Glieli posso consegnare domani / Posso consegnarglieli domani?
3 b 5; c 1; d 7; e 8; f 6; g 3; h 2
4 a Sì, ve la do volentieri. b Certo, te lo compro più tardi. c Sì, se la vedo glielo dico.
d No, non ve li faccio provare. e Certo, te li presto se ti servono. f Sì, me le compro.

26

1 a Ci piace visitare paesi stranieri. b A Lia non piacciono i gioielli. c A lei piace la pittura surrealista. d A mio fratello piace guidare di notte. e Non ti piace la musica rock?
2 Mi piace ballare il tango, suonare la batteria, cenare fuori, il vino rosso, il caffè corretto, il basket. Mi piacciono le scarpe con i tacchi alti, i ragazzi muscolosi.
3 a piace; b piace; c piace; d piacciono; e piace, piace; f piacciono; g piacciono; h piace
4 a piace cucinare; b piace leggere; c piace, l'italiano; d piacciono il tennis e la pallavolo; e piace viaggiare con i mezzi pubblici;
f piacciono i colori scuri e gli abiti lunghi;
g piace il giardinaggio; h piace guardare la TV

27

1 a Oggi non posso andare in ufficio.
b Non gli piace lavare i piatti. c Enrico non ha pazienza. d Loro non sono di qui.
e Non ti presto il mio tablet. f Non hanno

voglia di venire alla festa.
2 a no; b non; c no; d non; e no; f No, Non; g no
3 a Non abbiamo fame. b Spero di no. c Perché non vieni da me? d Non Le piace il film? e Non lo so. f Umberto non si iscrive all'università.
4 a Rossana non parla l'inglese. b I miei genitori non mi capiscono. c Lei non è italiano? d Penso di no. e Oggi non ho voglia di fare sport. f Suo fratello non lo aiuta con i compiti. g No, grazie. Non ho sete. h Domani non mi posso riposare.

28

1 a Non prendo niente, grazie. b Gina e Marcella non sono né belle né simpatiche. / Gina e Marcella non sono né simpatiche né belle. c Da domani non lavoriamo più. d Non fanno mai sport. e Nessuno mi crede.
2 a nessuno; b niente; c mai; d né … né; e più; f nemmeno
3 a Non mi incontro con nessuno. b (Lui) non fa colazione mai. / (Lui) non fa mai colazione. c Non abbiamo più fame. d Qui / Qua non si vede niente. e Non vogliono né studiare né lavorare. f Perché non andate mai in vacanza?
4 a Carla non si alza mai presto. b Non mi piace né ballare né cantare. c Mia figlia non parla con nessuno. d Domani non possiamo andare né a teatro né a cena fuori. e Non hai più voglia di giocare a carte? f Non navigate mai su Internet?

Test 2

1b, 2a, 3b, 4a, 5a, 6b, 7b, 8a, 9a, 10a, 11b, 12b, 13b, 14a, 15a, 16b, 17b, 18a, 19b, 20a, 21a, 22a, 23a, 24b, 25b, 26b, 27a, 28a, 29b, 30b

29

1 a ci penso; b ci vado; c non ci lavoro; d non ci veniamo; e non ce l'ho; f non ci credo
2 a Ci penso spesso. b Bianca ci litiga sempre. c Domani ci torno. d Ci potete contare. e Qualche volta ci pensate? f I genitori di Livio non ci credono. g Quando ci vai?
3 a ci va d'accordo; b ci credo; c ci andiamo; d ci tornano; e ci posso sempre contare; f ci devi rinunciare; g ci giocano
4 a ci; b —; c —; d Ci; e ce; f —; g ci; h Ci

30

1 b 8; c 6; d 2; e 3; f 5; g 1; h 4
2 a Sì, ne sono contento. b Ne vuole un altro bicchiere? c Ne vorrei un chilo. d Ne sei convinto? e Mio padre ne conosce alcuni. f Nessuno ne parla.
3 a ne trovo; b ne volete; c Ne ho; d ne mangio; e ne compri; f ne ho; g ne dite
4 a ne; b Ne; c Ne; d —; e ne; f —; g Ne

31

1 queste: sigarette, industrie;
questi: cani, bicchieri;
questa: festa, amica, lingua;
questo: treno, aereo, maglione
2 questi, questa, quest' / questo, queste, quest' / questa, questi
3 a Questo regalo è per te. b Questa borsa è molto pesante! c Questa è una bella sorpresa! d Quanto costano questi di pelle? e Ti piacciono queste a quadri?

4 a Questi (A); b questo (A); c questo (P); d Quest' / Questa (A); e Queste (A); f questi (P); g Questa (P); h Queste (A)

32

1 quel: signore, parco;
quell': armadio, olio;
quello: spumante, scherzo;
quella: casa, giacca;
quei: libri, bicchieri;
quegli: stadi, spettacoli;
quelle: etichette, scarpe
2 quelle, quell', quegli, quei, quel, quello
3 a quella; b quel; c Quei; d quello; e quelle; f Quell'; g quegli; h Quell'
4 a quella; b quello, c Quell'; d quel, Quello; e quei; f quelli; g quelle, Quelle; h quegli

33

1 *Unregelmäßige Partizipien:* stato (*von* essere), aperto, preso, visto, mosso; *Regelmäßige Partizipien:* stato (*von* stare), trovato, portato, pulito, ballato, caduto
2 cominciato, finire, rimanere, letto, capito, vincere, perduto / perso, andare
3 a preparato; b stati; c andata; d fatto, arrabbiato; e tornate; f pulito; g nati; h cambiato
4 a hai superato; b sono venute; c è uscita; d ho riso; e siete tornati; f hanno divorziato; g è andato, ha offerto

34

1 Ho capito, incontrato, guardato, venduto, sentito; Sono uscito, caduto, partito, venuto, nato
2 a siamo andati/e; b hai più scritto; c ho letto; d siete stati; e è accaduta; f sono piaciute; g hanno perso
3 a L'anno scorso Nadia si è iscritta all'università. b Ieri i miei amici e io ci siamo divertiti molto. c Ti è piaciuto il film? d Oggi non ho lavorato molto. e Ieri sera siamo rimasti/e a casa. f Hanno dovuto comprare un regalo per un amico. g Ieri non sono potuto/a uscire. h Lo scorso semestre Ian ha frequentato un corso d'italiano.
4 a ho mai bevuto; b è successo; c ha organizzato; d mi sono trasferita; e Abbiamo camminato; f Ho perso

35

1 b 7; c 3; d 5; e 4; f 1; g 8; h 6
2 a regalata; b prenotati; c fumate; d chiamato; e viste; f comprate; g presa; h prestati
3 a L'ho pagato con la carta di credito. b Dove l'avete parcheggiata? c Dove li hai messi? d La signora Fini ne ha comprati due chili. e L'avete spenta? f Le ho perse. g Carlo ne ha bevuto solo un bicchiere. h Non l'hanno chiuso.
4 a l'ha accompagnata; b le ho conosciute; c L'ho superato; d Ne ho già mangiato; e ne abbiamo vista; f le hai messe; g li avete lavati; h l'ha offerto

36

1 b Ieri Carla e io abbiamo finito di lavorare tardi. c Melania, hai finito? d Massimo ha cambiato la mia vita! e Dopo l'incidente Serena è cambiata completamente.
2 a Lo spettacolo è cominciato in ritardo. b Non siete mai scesi/e alla fermata giusta! c Il direttore mi ha aumentato lo stipendio. d Lorenzo ha cambiato casa. e Nora, sei salita con l'ascensore? f Quella storia è finita male. g Pioggia e vento sono diminuiti lentamente.

3 a sono aumentati; b abbiamo finito; c sono diminuite; d è aumentato; e è finita; f ha cambiato; g siete saliti; h hai sceso
4 a ho ancora finito; b ha cambiato; c è finito; d avete cominciato; e è diminuito; f sono cominciate; g è aumentata; h è scesa

37

1 a che; b che; c di; d degli; e che; f di; g di; h che
2 a Il computer è più utile del tablet. b Io ho una vita più eccitante che monotona. c È meno difficile andare d'accordo con Mauro che con Tiziana. d Giocare a scacchi è più complicato che giocare a dama. e Io sono meno fortunata di Patrizia.
3 a più, di, più, di; b più, di, più, di; c come; d meno, più; e come, come; f come, più, di; g più, di, più, di

38

1 b 6; c 5; d 1; e 2; f 4
2 a forte forte; b piccolo piccolo; c contentissima; d molto eleganti; e assai interessante; f più brava; g velocissimo; h meno caro
3 a Questo film è il più interessante. / Questo film è interessantissimo. b Rita, sei la più gentile! / Rita, sei gentilissima! c Questi esercizi sono i più difficili. / Questi esercizi sono difficilissimi. d bellissima; e Luca è il ragazzo più alto. / Luca è un ragazzo altissimo. f I vicini hanno la casa più ordinata. / I vicini hanno una casa ordinatissima. g Ada e Tina sono le più studiose. / Ada e Tina sono studiosissime.
4 a la più carina; b caldissima; c il più vecchio; d meno fredda; e pericolosissimo; f profumatissimi

39

1 a le sue; b La mia; c i tuoi; d La vostra; e la loro; f il nostro; g i tuoi; h il Suo
2 a la sua; b il vostro; c il loro; d i tuoi; e il nostro; f la tua; g le sue
3 a Il mio problema è serio. b Il tuo vestito è molto elegante. c La nostra gatta è furbissima. d I suoi amici sono inglesi. e La vostra villa è a Beverly Hills? f Il loro giardino è curatissimo. g I miei vicini sono insopportabili.
4 a il nostro; b la Vostra; c i suoi; d il mio; e Le mie; f il loro; g le sue; h la tua

40

1 la mia: sorellina, ragazza, mamma;
mia: zia, madre, cugina;
mio: nonno, figlio, fratello;
il mio: cuginetto, fidanzato, papà
2 a i tuoi; b Il mio; c Sua; d la mia; e i vostri; f mio, la sua; g tua; h mio
3 a la sua; b i vostri; c Mia; d i nostri; e il tuo; f i loro; g Suo; h mio

41

1 a Tutti; b Ogni; c molta; d poche; e tanti; f Qualche
2 a Qualche volta andiamo al ristorante cinese. b Alla sfilata ho conosciuto alcune modelle. c Vittorio possiede alcuni oggetti d'antiquariato. d Mirco ha qualche cliente in Olanda.
3 a tutti i; b tutto; c tutte; d tutta la; e tutte le, tutte
4 a troppa; b tanti; c ogni; d altro; e tutti; f poche

42

1 a chi; b Quale; c Quando; d Quanti; e Di dove; f quanti

2 a quanto; b Quali; c quanti; d Quante; e Quale; f Qual
3 a Che; b Perché; c A chi; d Che; e Come; f Con chi
4 a Quanti anni hai? b Dove siete stati? c Che cosa / Cosa hai comprato? d Quanti eravate? e Da dove viene? f Qual è il tuo film preferito? g Quante lingue parlano? h Dove va Susanna? / Da chi va Susanna?

Test 3

1a, 2b, 3b, 4a, 5a, 6b, 7a, 8a, 9b, 10b, 11b, 12b, 13a, 14b, 15a, 16b, 17b, 18b, 19a, 20b, 21a, 22a, 23a, 24a, 25a, 26b, 27a, 28b, 29a, 30b

43

1 io: dicevo, partivo;
tu: dormivi, parlavi, ti lavavi, sapevi;
lui / lei / Lei: leggeva, guardava;
noi: dovevamo, bevevamo;
voi: scrivevate, avevate;
loro: facevano, si alzavano, uscivano, capivano
2 cantare: cantavi, cantavamo, cantavate, cantavano;
prendere: prendevo, prendeva, prendevamo, prendevate;
salire: salivo, salivi, saliva, salivano
3 a lavoravo; b andavamo; c beveva; d eravamo; e mettevano; f seguivate; g finivi; h facevi
4 a doveva; b raccontava; c mangiavate; d andavamo; e vivevano; f uscivo; g facevi; h mi divertivo

44

1 era; giocava; faceva; tornava; giocavano; leggevano; cominciava; era; hanno chiuso; è salito; ha cominciato; si è rotto; ha dormito; era, si sentiva; è andato
2 a c'era, ci sono andato; b portava; c aspettavo, ho incontrato; d siamo stati; e abitavano, hanno comprato; f era, parlava; g preparava, facevano; h abbiamo fatto, siamo andati
3 hai passato; mi alzavo; mi vestivo; scendevo; andavo; facevi; ho fatto; ho visitato; cenavo; facevo; mangiavo

45

1 b 7; c 2; d 1; e 4; f 5; g 6
2 a Volevamo; b sapevate; c potevi; d siamo potuti; e doveva; f hai conosciuto; g ho saputo
3 dovevo; dovevi; volevo; ho potuto; volevo; sono dovuta; ho dovuto; potevi; Dovevo; potevi; volevo; ho saputo; abbiamo dovuto

46

1 b Il film che abbiamo visto ieri sera era noiosissimo! c Finalmente ho trovato l'appartamento che cercavo! d Non sei ancora andato a vedere lo spettacolo di cui ti ho tanto parlato? e Hai visto il regalo che mi ha fatto Sabina? f È un vaso prezioso a cui tengo particolarmente. g Quello è il ragazzo con cui è uscita Roberta. Bello, vero? h Mamma, l'asciugacapelli che hai comprato si è già rotto!
2 a Ieri ho incontrato Erminia con cui ho seguito il corso di spagnolo. b Gianluca vive in una strada che è molto rumorosa / La strada in cui vive Gianluca è molto rumorosa. c Vi piace il quadro che ho dipinto? d Questa è la ragazza per cui Antonio ha perso la testa! e Volete provare il cocktail che ho preparato proprio per voi?
3 a che; b su cui; c con cui; d di cui; e che; f che; g a cui / cui; h che

47

1 b 5; c 3; d 1; e 6; f 4
2 a era ancora finita; b Aveva appena cominciato; c era già andata; d aveva regalato; e Avevamo fissato
3 a aveva capito; b avevano comprato; c Avevamo deciso; d avevo mai visto
4 a avevamo dimenticato, abbiamo trovate; b avevamo più trascorso, abbiamo chiamato, siamo usciti, Avevamo prenotato, abbiamo cambiato, siamo andati; c avevano mangiato, sono andate, hanno conosciuto, volevano, erano, hanno rifiutato

48

1 *regelmäßige Verben:* guadagnerei, finirebbero, parlereste, prenderemmo, salirebbe;
unregelmäßige Verben: avreste, sarebbe, vorrei, berresti, andremmo
2 aiutare: aiuteresti, aiuterebbe, aiuteremmo, aiutereste, aiuterebbero;
vivere: vivrei, vivresti, vivrebbe, vivremmo, vivreste;
capire: capirei, capiresti, capiremmo, capireste, capirebbero
3 a potresti; b Vorrei; c desidererebbero; d aiuteresti; e fareste; f piacerebbe; g saprebbe; h avreste
4 a direste; b Saremmo; c rimarrebbero; d verrebbe; e presteresti

49

1 a Simona, dovresti cercare di stare più attenta! b Mi aiutereste a portare questa cassa in cantina? c Domani farei un giro in centro. d Preferiremmo prendere solo un secondo. e Le dispiacerebbe aprire la porta? f Non dovreste correre tanto con la moto!
2 a potresti; b si iscriverebbero; c piacerebbe; d potrebbe; e direi; f dareste; g mi sentirei; h guarderemmo
3 a vivrebbero; b Prepareremmo; c Dovresti; d lavorerei; e farebbero; f accenderesti; g piacerebbe
4 a Mi passeresti la bottiglia? b Potrebbe / Potreste chiudere la finestra? c Dovresti cercare un nuovo lavoro. / Ti dovresti cercare un nuovo lavoro. / Dovresti cercarti un nuovo lavoro. d Ti verrei a trovare volentieri. / Verrei a trovarti volentieri. e I miei figli dovrebbero tornare a mezzogiorno. f Farei volentieri un viaggio.

50

1 a Saremmo potuti / potute andare insieme dal parrucchiere. b Mi sarebbe piaciuto partecipare a un concorso di bellezza. c Oggi avrei mangiato volentieri le penne al salmone. d Due miei amici avrebbero voluto fare il giro del mondo. e Cambiando lavoro avresti fatto carriera. f Sareste dovuti / dovute essere più gentili con Marina!
2 a saremmo andati, nemmeno una camera libera; b avrei fatto, era rotto; c avresti potuto, ti stava benissimo; d non me lo hai detto, avrei aiutato
3 a porterei; b Vi sareste divertiti; c direi; d vorrebbe; e Potremmo; f Avresti guadagnato; g avresti dovuto; h piacerebbe

51

1 tu: va', esci, porta, finisci, smetti;
Lei: faccia, metta, senta, dia, chiami, parli;
voi: guardate, dite, leggete, partite
2 a sia; b spedisca; c sta' / stai; d chiudi; e comincia; f prendete
3 a Fa' / Fai un bel viaggio! b Abbia un po' di pazienza! c State zitti! d Venga più spesso! e Scrivi una lettera a tua nonna!

4 a Chieda nella farmacia lì all'angolo.
b Beh, beva un bel caffè forte forte.
c Allora, va' / vai dal dietologo.
d Beh, comprate una bottiglia di vino.
e Uscite con degli amici.

52

1 b 3; c 4; d 5; e 1; f 2
2 a Leggilo. È molto interessante.
b Comprane due chili. c La faccia come gli altri. d A Natale recitategliela. e Ci vada, se può. f Dalle una mano. g Aiutateli a fare i compiti.
3 a ricordati; b vacci; c Regalategliela; d Prendila; e Spegnetelo; f glielo spieghi; g lavatevi
4 a vienici; b Ne affetti; c Lo beva; d Restituitecela; e pulitevi

53

1 tu: Non dire bugie! Non spendere troppo! Non ti alzare / Non alzarti tardi! Non gli dare / Non dargli niente!
Lei: Non si preoccupi! Non dica bugie! Non si alzi tardi! Non abbia fretta!
voi: Non vi preoccupate / Non preoccupatevi! Non spendete troppo! Non abbiate fretta! Non gli date / Non dategli niente!
2 a non partite; b non alzatevi / non vi alzate; c non fare; d non essere; e non ci andare / non andarci; f non venga
3 a Non parlare mentre mangi! b Non dica sempre quello che pensa! c Non uscite ogni sera! d Non dia troppo di mancia! e Non scrivere sui muri!
4 a Non stare troppe ore davanti al computer! b Non ditegli / Non gli dite niente! c Non sollevare cose troppo pesanti! d Allora, non perda tempo!

Test 4

1b, 2b, 3a, 4b, 5a, 6a, 7a, 8b, 9b, 10a, 11b, 12b, 13b, 14a, 15a, 16b, 17b, 18b, 19a, 20b, 21a, 22b, 23b, 24a, 25a, 26a, 27a, 28b, 29b, 30a

54

1 *regelmäßige Verben:* noi partiremo, voi riderete, io giocherò, tu leggerai, tu capirai; *unregelmäßige Verben:* lui / lei / Lei sarà, tu berrai, io avrò, noi potremo, voi vorrete, loro sapranno
2 a Mi costruirò una casa in campagna.
b Dove andrete la prossima estate?
c Preferiranno sicuramente pernottare in albergo. d Rimarremo solo una notte.
e A che ora arriverai? f Trascorrerà due mesi al mare. g Non verranno mai più.
3 a Per chi voterete alle elezioni? b Quando ti firmeranno il contratto? c Ti daremo una mano. d Quanti anni avrà la professoressa di latino? e Cercherò di fare il possibile per aiutarti. f Dove saranno i bambini?
g Quando finirai l'università?
4 a berrò; b si stancherà, si fidanzerà; c comincerete; d diranno; e darai; f saprò; g Verremo; h diventerà

55

1 a avrò comprato il computer nuovo; b avranno trovato un lavoro; c avremo frequentato un corso d'inglese; d avrà nevicato; e avrà capito l'errore
2 a Appena avrete completato il lavoro, avrete più tempo libero. b Appena Alessandro avrà chiamato, ti darò la risposta. c Quando saremo andati in pensione, passeremo più tempo con i nostri nipotini. d Appena la riunione sarà finita, andranno a cena fuori.
e Appena ti sarai ripreso / ripresa dall'operazione, potremo di nuovo fare jogging insieme.

3 a avrai dimenticati; b ci trasferiremo; c Sarà; d avrò cenato, leggerò; e Avrà dormito; f avrà

56

1 a Si sta rilassando. b Sta leggendo il giornale. c Sta ascoltando la musica. d Non sta bevendo un caffè. e Sta telefonando. f Non sta aprendo un pacco. g Non sta scrivendo un'e-mail.
2 a Alberto sta per cominciare un nuovo lavoro. b State per uscire. c I miei genitori stanno per tornare. d Stiamo per concludere un affare importante. e Sto per aprire un negozio in centro.
3 a I bambini stanno dormendo. b Sta per cominciare il Gran Premio. c Sto per andare dal parrucchiere. d Miriam sta facendo la doccia. e Ida e Cesare stanno per divorziare. f Stiamo andando a dormire.
4 a Fabio e io stavamo litigando; b Stavo per pagare; c Che cosa / Cosa stavate facendo? d Stavano per partire

57

1 *regelmäßige Formen:* apriate, leggano, senta, scriviamo, parlino;
unregelmäßige Formen: bevano, sia, venga, vogliate, diciamo
2 regalare: regali, regali, regaliamo, regaliate, regalino;
vendere: venda, venda, venda, vendiamo, vendiate;
sentire: senta, senta, senta, sentiate, sentano
3 a produrre (K); b raccogliere (I); c sapere (I/K); d prendere (K); e piangere (K); f mantenere (I); g offrire (K); h dimagrire (K); i dovere (I/K); j dare (K); k lavorare (I/K)
4 a impari; b abbia; c superi; d vada; e soffrano; f venga

58

1 a voglia; b si arrabbi; c si trasferiscano; d sappiate; e ritorniamo; f faccia
2 a arrivi; b frequenti; c debba; d vendiamo; e possa; f impariate; g sia; h evitino
3 a Credo che mia moglie non si rilassi mai. b Crediamo che quelle due dicano solo bugie. c Credono di essere i migliori! d Credete che la Juve vinca lo scudetto? e Credo che mangiate troppi dolci! f Non credo di ottenere il prestito.
4 a È utile che i miei genitori ci aiutino. b Spero che il regalo ti piaccia. c Mio padre non vuole che diventi un boxer. d Preferiamo che veniate domani.

59

1 a abbia chiuso; b siano già arrivati; c abbiate festeggiato; d si sia riposato; e abbia abbaiato; f abbia mangiato
2 a Credono di avere perso tempo. b Credi che Mario e Bianca siano partiti? c Credono che tu abbia esagerato ieri sera. d Credo di essere ingrassato. e Crediamo che a Tina non sia piaciuta la festa. f Credo che ieri tutti abbiano visto la finale.
3 a Siamo convinti che Lello abbia inventato una scusa. b Spero che le tue vacanze siano andate bene. c Mi auguro che ti sia riappacificato / riappacificata con Clelia. d Pensano che sia riuscito / riuscita a trovare una soluzione. e È possibile che nessuno ci abbia visto.
4 a abbia ereditato; b permetta; c abbia mai avuto; d abbia perso; e sia

60

1 a riuscisse; b funzionasse; c veniste; d pagasse; e giocassero; f bevessi
2 a Avevamo paura che Enrico fosse nei guai! b Era importante che ne parlassimo. c Supponevo che tu lo sapessi. d Si augurava che la situazione migliorasse. e Pensavo che Fabio ti amasse. f Credevamo che vi capissero.
3 a Speravamo che decidessero di restare. b Non sapeva che Renato avesse già 30 anni. c Speravo di essere incinta. d Immaginavate che la nostra casa costasse tanto? e Temeva di fare uno sbaglio.
4 a sapessi; b ascoltasse; c potessero; d piacesse; e insegnasse; f scoprissero; g si trovasse; h veniste

61

1 a avessi studiato; b foste stati/e; c avessero saputo; d avesse più chiamato; e avessero dato; f fossimo già usciti/e
2 a Credevo che Nino non avesse dormito a casa. b Era possibile che avesse nevicato a lungo. c Speravo che le mie piante fossero cresciute. d Credeva che avessi letto quel libro. e Pensavano che avessimo finito. f Era probabile che i prezzi fossero aumentati.
3 a Temevo di avere deluso i miei genitori. b Speravamo che Liliana avesse preparato un piatto orientale. c Nessuno immaginava che quel tipo avesse ucciso tante persone. d Speravo che non avessi sofferto tanto. e Aldo non sapeva di avere preso una multa.
4 a facessi; b fosse morta; c avessero sentito; d aiutaste; e potesse; f fossero dovuti

62

1 a tagliassi; b decidiamo; c saremmo venuti; d regaleremo; e dicevi; f potremmo
2 a Se avessimo tempo ci iscriveremmo a un corso di cucina. b Se Cinzia si sposasse con Mario, suo fratello dovrebbe cambiare casa! c Se avessi un aumento, comprerei un'auto nuova. d Se trovassero i biglietti, andrebbero a vedere la partita.
3 a Se avessi vinto il primo premio della lotteria, avrei smesso di lavorare. b Se avessi mangiato di meno, ti saresti sentito / sentita meglio. c Se Liana avesse trovato un monolocale, avrebbe accettato quel lavoro. d Se aveste invitato anche Maurizio, sarebbe stato meglio!
4 a avrei; b andiamo; c avessi detto; d smettessi; e facevo; f potrò

63

1 a oppure; b e; c Appena; d che; e Mentre; f pure
2 a Stavamo guardando la TV, quando è andata via la luce. b Ieri sera ho mangiato una minestra e un po' di formaggio. c Nonostante sia in vacanza, mi sento stressato! d Mettiamo tutto in ordine prima che arrivino gli ospiti. e Hai la moto e anche la macchina? f Avevo fame perciò ho comprato un panino con la mortadella.
3 a affinché; b siccome; c perché; d Appena; e però; f Mentre; g sebbene; h sia

64

1 a è stata pagata; b verranno consegnate; c deve essere riparata; d sia stato trovato e sono stati ristrutturati; f verrà invitato

2 a Gli inviti verranno / saranno spediti con molto anticipo. b La partita è stata giocata allo stadio San Siro di Milano. c Penso che Gigi sia stato lasciato. d La mozzarella viene / è prodotta in Campania. e Tanti anni fa Internet non veniva / era usato. f Tutte le riparazioni sono state completate. g Gli appuntamenti dell'avvocato verranno / saranno spostati.

3 a Siamo stati; b verrà / sarà; c è stato; d siano state; e viene / è; f sono stati

Test 5

1b, 2b, 3a, 4a, 5b, 6b, 7a, 8b, 9b, 10a, 11b, 12a, 13b, 14a, 15b, 16b, 17a, 18a, 19b, 20b, 21b, 22a, 23a, 24b, 25a, 26a, 27b, 28b, 29a, 30a

Liste unregelmäßiger Verben

Grundform	Ind. Präsens	imperfetto	futuro semplice	condizionale pres.
accendere				
andare*	vado vai va andiamo andate vanno		andrò · · ·	andrei · · ·
aprire				
avere	ho hai ha abbiamo avete hanno		avrò · · ·	avrei · · ·
bere	bevo bevi beve beviamo bevete bevono	bevevo · · ·	berrò · · ·	berrei · · ·
cadere*			cadrò	cadrei
chiedere				
chiudere				
dare	do dai dà diamo date danno		darò · · ·	darei · · ·
decidere				
dipingere				
dire	dico dici dice diciamo dite dicono	dicevo · · ·	dirò · · ·	direi · · ·

Imperativ	congiuntivo pres.	congiuntivo imp.	Partizip Perfekt	
			acceso	*anzünden*
va' / vai (2. Pers. Sing.) vada (Höflichkeitsform) andate (2. Pers. Pl., Höflichkeitsform)	vada vada vada andiamo andate vadano			*gehen*
			aperto	*öffnen*
abbi (2. Pers. Sing.) abbia (Höflichkeitsform) abbiate (2. Pers. Pl., Höflichkeitsform)	abbia abbia abbia abbiamo abbiate abbiano			*haben*
bevi (2. Pers. Sing.) beva (Höflichkeitsform) bevete (2. Pers. Pl., Höflichkeitsform)	beva beva beva beviamo beviate bevano	bevessi · · ·	bevuto	*trinken*
				fallen
			chiesto	*fragen*
			chiuso	*schließen*
da' / dai (2. Pers. Sing.) dia (Höflichkeitsform) date (2. Pers. Pl., Höflichkeitsform)	dia dia dia diamo diate diano	dessi · · ·		*geben*
			deciso	*beschließen*
			dipinto	*malen*
di' (2. Pers. Sing.) dica (Höflichkeitsform) dite (2. Pers. Pl., Höflichkeitsform)	dica dica dica diciamo diciate dicano	dicessi · · ·	detto	*sagen*

Liste unregelmäßiger Verben

Grundform	Ind. Präsens	imperfetto	futuro semplice	condizionale pres.
dovere**	devo devi deve dobbiamo dovete devono		dovrò · · ·	dovrei · · ·
essere*	sono sei è siamo siete sono	ero eri era eravamo eravate erano	sarò · · ·	sarei · · ·
fare	faccio fai fa facciamo fate fanno	facevo · · ·	farò · · ·	farei · · ·
iscrivere → scrivere				
leggere				
mantenere → tenere				
mettere				
muovere				
nascere*				
offrire				
ottenere → tenere				
perdere				
permettere → mettere				
piacere*	piaccio piaci piace piacciamo piacete piacciono			
piangere				

Imperativ	congiuntivo pres.	congiuntivo imp.	Partizip Perfekt	
	debba debba debba dobbiamo dobbiate debbano			*müssen, sollen*
sii (2. Pers. Sing.) sia (Höflichkeitsform) siate (2. Pers. Pl., Höflichkeitsform)	sia sia sia siamo siate siano	fossi · · ·	stato	*sein*
fa' / fai (2. Pers. Sing.) faccia (Höflichkeitsform) fate (2. Pers. Pl., Höflichkeitsform)	faccia faccia faccia facciamo facciate facciano	facessi · · ·	fatto	*machen, tun*
				einschreiben
			letto	*lesen*
				aufrechterhalten
			messo	*stellen, legen*
			mosso	*bewegen*
			nato	*geboren werden*
			offerto	*anbieten*
				erreichen
			perso / perduto	*verlieren*
				erlauben
piaci (2. Pers. Sing.) piaccia (Höflichkeitsform) piacete (2. Pers. Pl., Höflichkeitsform)	piaccia piaccia piaccia piacciamo piacciate piacciano		piaciuto	*gefallen*
			pianto	*weinen*

Grundform	Ind. Präsens	imperfetto	futuro semplice	condizionale pres.
potere**	posso puoi può possiamo potete possono		potrò · · ·	potrei · · ·
prendere				
produrre	produco produci produce produciamo producete producono	producevo · · ·		
ridere				
rimanere*	rimango rimani rimane rimaniamo rimanete rimangono		rimarrò · · ·	rimarrei · · ·
rispondere				
riuscire* → uscire				
rompere				
salire**	salgo sali sale saliamo salite salgono			
sapere	so sai sa sappiamo sapete sanno		saprò · · ·	saprei · · ·

Imperativ	congiuntivo pres.	congiuntivo imp.	Partizip Perfekt	
	possa possa possa possiamo possiate possano			*können, dürfen*
			preso	*nehmen*
produci (2. Pers. Sing.) produca (Höflichkeitsform) producete (2. Pers. Pl., Höflichkeitsform)	produca produca produca produciamo produciate producano	producessi . . .	prodotto	*herstellen*
			riso	*lachen*
rimani (2. Pers. Sing.) rimanga (Höflichkeitsform) rimanete (2. Pers. Pl., Höflichkeitsform)	rimanga rimanga rimanga rimaniamo rimaniate rimangano		rimasto	*bleiben*
			risposto	*antworten*
				gelingen
			rotto	*zerbrechen*
sali (2. Pers. Sing.) salga (Höflichkeitsform) salite (2. Pers. Pl., Höflichkeitsform)	salga salga salga saliamo saliate salgano			*hinaufgehen*
sappi (2. Pers. Sing.) sappia (Höflichkeitsform) sappiate (2. Pers. Pl., Höflichkeitsform)	sappia sappia sappia sappiamo sappiate sappiano			*wissen, können*

Grundform	Ind. Präsens	imperfetto	futuro semplice	condizionale pres.
scegliere	scelgo scegli sceglie scegliamo scegliete scelgono			
scendere**				
scoprire → aprire				
scrivere				
sedere	siedo siedi siede sediamo sedete siedono		siederò · · ·	siederei · · ·
smettere → mettere				
soffrire → offrire				
spegnere	spengo spegni spegne spegniamo spegnete spengono			
stare*	sto stai sta stiamo state stanno		starò · · ·	starei · · ·
succedere*				
tenere	tengo tieni tiene teniamo tenete tengono		terrò · · ·	terrei · · ·

Imperativ	congiuntivo pres.	congiuntivo imp.	Partizip Perfekt	
scegli (2. Pers. Sing.) scelga (Höflichkeitsform) scegliete (2. Pers. Pl., Höflichkeitsform)	scelga scelga scelga scegliamo scegliate scelgano		scelto	*auswählen*
			sceso	*hinuntergehen*
				entdecken
			scritto	*schreiben*
siedi (2. Pers. Sing.) sieda (Höflichkeitsform) sedete (2. Pers. Pl., Höflichkeitsform)	sieda sieda sieda sediamo sediate siedano			*sitzen*
				aufhören
				leiden
spegni (2. Pers. Sing.) spenga (Höflichkeitsform) spegnete (2. Pers. Pl., Höflichkeitsform)	spenga spenga spenga spegniamo spegniate spengano		spento	*auslöschen*
sta' / stai (2. Pers. Sing.) stia (Höflichkeitsform) state (2. Pers. Pl., Höflichkeitsform)	stia stia stia stiamo stiate stiano	stessi • • •		*bleiben*
			successo	*geschehen*
tieni (2. Pers. Sing.) tenga (Höflichkeitsform) tenete (2. Pers. Pl., Höflichkeitsform)	tenga tenga tenga teniamo teniate tengano			*behalten*

Grundform	Ind. Präsens	imperfetto	futuro semplice	condizionale pres.
togliere				
trascorrere				
uccidere → decidere				
uscire*	esco esci esce usciamo uscite escono			
vedere				
venire	vengo vieni viene veniamo venite vengono		verrò · · ·	verrei · · ·
vincere				
vivere			vivrò	vivrei
volere**	voglio vuoi vuole vogliamo volete vogliono		vorrò · · ·	vorrei · · ·

Verben ohne Sternchen werden in den zusammengesetzten Zeiten mit dem Hilfsverb avere konjugiert.
* Verben, die in den zusammengesetzten Zeiten mit dem Hilfsverb essere konjugiert werden.
** Verben, die in den zusammengesetzten Zeiten sowohl mit essere als auch mit avere konjugiert werden.

Imperativ	congiuntivo pres.	congiuntivo imp.	Partizip Perfekt	
			tolto	*wegnehmen*
			trascorso	*verbringen*
				töten
esci (2. Pers. Sing.) esca (Höflichkeitsform) uscite (2. Pers. Pl., Höflichkeitsform)	esca esca esca usciamo usciate escano			*ausgehen*
			visto	*sehen*
vieni (2. Pers. Sing.) venga (Höflichkeitsform) venite (2. Pers. Pl., Höflichkeitsform)	venga venga venga veniamo veniate vengano		venuto	*kommen*
			vinto	*siegen*
			vissuto	*leben*
	voglia voglia voglia vogliamo vogliate vogliano			*wollen*

Die Zahlen verweisen auf das entsprechende Kapitel.

Glossar

In dieser Vokabelliste finden Sie die Übersetzungen der auf den Übungsseiten vorkommenden italienischen Wörter. Die deutschen Übersetzungen entsprechen dem Kontext, in dem die Wörter in den Übungen verwendet werden. Bei einigen Wörtern mit Mehrfachbedeutung ist die entsprechende Fundstelle in Klammern angegeben, z. B. (**6** 2), wobei die fett gedruckte Zahl auf das jeweilige Kapitel verweist und die darauf folgende Ziffer die Übungsnummer angibt.

Außerdem werden folgende Abkürzungen und Symbole verwendet:

m.	maskulin	→	siehe
f. (bei Substantiven)	feminin	*K*	Kapitel
		S.	Seite
Sg.	Singular	*T*	Test
Pl.	Plural	*f.* (bei Seitenangaben)	und folgende Seite
Adj.	Adjektiv		
Adv.	Adverb	*ff.*	und folgende Seiten
Part. Perf.	Partizip Perfekt	*ital.*	italienisch

A

a *(→ K 17)*	am; an; auf; bis; in; nach; um; zu; *Angabe des indirekten Objekts*
abbaiare	bellen
abbastanza	genug
abbigliamento	Bekleidung
abitare	wohnen
abito	Kleid
accadere	geschehen, sich ereignen
accanto	nebenan
accendere *(→ S. 162 f.)*	einschalten
accettare	annehmen
accomodarsi	es sich bequem machen
accompagnare	begleiten
accorciare	kürzen
accorgersi *(Part. Perf.* accorto*)*	merken, bemerken
aceto	Essig
acqua	Wasser
acqua minerale	Mineralwasser
ad	*siehe* a
addormentarsi	einschlafen
adesso	jetzt, nun
adorare	(besonders) lieben
adulto	Erwachsener
da adulti	wie Erwachsene
aereo	Flugzeug
aeroporto	Flughafen
affare *(m.)*	Geschäft
per affari	geschäftlich
affettare	in Scheiben schneiden
affettuoso	liebevoll, herzlich
affinché *(→ K 63)*	damit
affitto	Miete
Africa	Afrika
agenda	Notizbuch
agente immobiliare	Makler
agenzia	Reisebüro
agire *(-isc-)*	handeln
aglio	Knoblauch
agosto	August
aiutare	helfen
aiuto	Hilfe
alba	Morgengrauen
albergo	Hotel
albero	Baum
albicocca	Aprikose
alcolico	alkoholhaltiges Getränk
alcuni *(→ K 41)*	einige
allora	also, dann

almeno	mindestens, zumindest
Alpi *(f. Pl.)*	Alpen
alto	groß (**13** 3, **37** 3, **38** 3); hoch (**23** 4, **26** 2, **38** 1, **46** 3, **53** 4)
altrimenti	sonst
altro *(→ K 41)*	(etwas) anderes; anderer, -e, -es; noch einer, -e, es (**18** 2, **30** 1, **30** 2)
un altro po' (di)	noch ein bisschen
alzarsi	aufstehen
amare	lieben
amaro	bitter
americano	Amerikaner (**6** 4); amerikanisch (**9** 3, T5)
amica	Freundin
amico	Freund
essere molto amico	gut befreundet sein
ammalarsi	krank werden
amore *(m.)*	Liebe
amore!	Liebling!
analisi *(f.)*	Untersuchung
ananas *(m.)*	Ananas
anatra	Ente
anche *(→ K 63)*	auch
ancora	noch
andare *(→ K 10, S. 162 f.)*	gehen; fahren; fliegen
andare a trovare	besuchen
andare bene	gut laufen, gut gehen
andare d'accordo	sich vertragen
andare via	weggehen; ausgehen (**63** 2)
com'è andato?	wie ist es gelaufen?
ti va (di) …?	hast du Lust (zu) …?, magst du …?
angolo	Ecke
anice *(m.)*	Anis
animale *(m.)*	Tier
anno	Jahr
all'anno	im Jahr
annoiarsi	sich langweilen
anticipo	Voraus
con molto anticipo	weit im Voraus
antico	alt
antipasto	Vorspeise
antiquariato	Antiquitätenhandel
anzi	besser
anziano	alt
aperitivo	Aperitif
apertamente *(Adv.)*	klar, deutlich
aperto	offen
appartamento	Wohnung, Apartment
appartenere	gehören
appena *(→ K 63)*	sobald, sofort nachdem; gerade (erst) (**33** 3, **45** 1, **47** 2, **52** 4)
appoggio	Unterstützung
appuntamento	Termin
appunto	eben, genau
aprire *(→ S. 162 f. / Part. Perf.* aperto*)*	öffnen; eröffnen (**56** 2)
arancia	Orange
aranciata	Orangenlimonade
argento	Silber
argomento	Thema
armadio	Schrank
arrabbiarsi	wütend werden
arrabbiato	wütend
essere arrabbiato (con qualcuno)	(auf jemanden) wütend sein
arrestare	verhaften
arrivare	(an)kommen
arrivo	Ankunft
arrosto	Braten
articolo	Artikel *(Zeitung)*
artista *(m. + f.)*	Künstler(in)
ascensore *(m.)*	Aufzug, Lift
asciugacapelli *(m. Sg.)*	Haartrockner
asciugamano	Handtuch
ascoltare *(m.)*	hören, zuhören
asinello	Eselchen
aspettare	warten (auf); erwarten
aspettarsi	etwas erwarten
aspetto	Aussehen
avere l'aspetto triste/infelice	traurig/unglücklich aussehen
assaggiare	probieren
fare assaggiare	probieren lassen
assai *(→ K 38)*	sehr
assolutamente *(Adv.)*	unbedingt
Atene	Athen
atteggiamento	Verhalten

attento — achtsam; Vorsicht! (T4)
  stare attento — achtgeben
attenzione! — Achtung!
attimo — Augenblick
attraverso — mithilfe von
attrice *(f.)* — Schauspielerin
  volere fare l'attrice — Schauspielerin werden wollen
attuale — aktuell
augurarsi — sich wünschen
auguri! *(m. Pl.)* — Glückwunsch!, Gratulation!
augurio — Glückwunsch
aumentare — erhöhen (**36** 2); steigen (**36** 3, **61** 2); teurer werden (**36** 4)
aumento — Gehaltserhöhung
Australia — Australien
Austria — Österreich
auto *(f.)* — Auto
autobus *(m.)* — Bus
autunno — Herbst
avanti! — los!
avere *(→ K 6, S. 162 f.)* — haben
  avere … anni — … Jahre alt sein
avocado — Avocado
avventura — Abenteuer
avvertire — benachrichtigen
avvisare — benachrichtigen
avvocato — Anwalt
azzurro — blau

B

babà *(m.)* — *neapolitanischer Kuchen*
baby-sitter *(m. + f.)* — Babysitter(in)
bagno — Bad
balcone *(m.)* — Balkon
ballare — tanzen
balletto — Ballett
ballo — Ball *(Tanzveranstaltung)*
  ballo in maschera — Maskenball
bambina — Mädchen, Kind
bambino — Kind
  da bambino — als Kind
bambola — Puppe
  bambola di pezza — Stoffpuppe
banca — Bank *(Geldinstitut)*
bar *(m.)* — Café, Lokal
barattolo — Dose
barca — Boot
Barcellona — Barcelona
barzelletta — Witz
basket *(m.)* — Basketball *(Sportart)*
basso — klein
basta! — genug!, Schluss!
batteria — Schlagzeug
beh — nun, also
bellezza — Schönheit
bellissimo *(→ K 38)* — sehr schön
bello — schön
  che bello! — wie schön!
bene *(Adv. / → K 15)* — gut
  stare bene — gut gehen *(im Sinne von* es geht … gut); gut stehen *(Kleidung)* (**50** 2)
  va bene! — gut!, alles klar!
benissimo *(Adv. / → K 38)* — sehr gut
benzina — Benzin
bere *(→ K 10, S. 162 f. / Part. Perf.* bevuto*)* — trinken
Berlino — Berlin
Berna — Bern
bevanda — Getränk
biancheria — Wäsche
bianco — weiß; Weiß *(Farbe)* (**4** 3)
bibita — Getränk
biblioteca — Bibliothek
  biblioteca specializzata — Fachbibliothek
bicchiere *(m.)* — Glas
bicicletta — Fahrrad
biglietto — Eintrittskarte, Fahrkarte (**24** 1); Flugticket (**35** 2, **45** 3)
biologico — biologisch, Bio-
biondo — blond
birra — Bier
biscotto — Keks
bisogno — Bedarf
  avere bisogno (di) — brauchen, benötigen
blu — blau
bolletta — Rechnung

borsa	Tasche
borsa della spesa	Einkaufstasche
borsa di studio	Stipendium
bosco	Wald
bottiglia	Flasche
boxe *(f.)*	Boxen *(Sportart)*
boxer *(m.)*	Boxer
bravo	gut, tüchtig; brav (**62** 1)
fare il bravo	brav sein
Brennero	Brenner
breve	kurz
bronchite *(f.)*	Bronchitis
brutto	häßlich
bucato	durchlöchert
buffet *(m.)*	Buffet
bugia	Lüge
dire bugie	lügen
buonasera	guten Abend
buongiorno	guten Tag
buono *(→ K 14)*	gut
burro	Butter
busta	Umschlag
busta da lettera	Briefumschlag

C

cadere *(→ S. 162 f.)*	fallen
caffè *(m.)*	Kaffee
caffè corretto	*Kaffee mit einem Schuß Alkohol*
calcio	Fußball *(Sportart)*
caldo	warm, heiß; Hitze (**9** 4, **36** 4)
che caldo!	was für eine Hitze!
fa caldo	es ist warm/heiß
ho caldo	mir ist warm
calice *(m.)*	Kelch
a calice	kelchförmig
cambiare	wechseln; (sich) verändern (**36** 1)
cambiare casa	umziehen *(in eine andere Wohnung)*
cambiare idea	die Meinung ändern
camera	Zimmer
camera doppia	Doppelzimmer
cameriera	Kellnerin
cameriere *(m.)*	Kellner
camicia	Hemd
camminare	gehen, laufen
campagna	Land
in campagna	auf dem Land
Campania	Kampanien *(ital. Region)*
cane *(m.)*	Hund
cantante *(m. + f.)*	Sänger(in)
cantare	singen
cantina	Keller
canzone *(f.)*	Lied
capelli *(m. Pl.)*	Haare
capire *(-isc-)*	verstehen
capitale *(f.)*	Hauptstadt
Capodanno	Neujahr
cappello	Hut
cappotto	Mantel
cappuccino	*Kaffee mit aufgeschäumter Milch*
Capri	*ital. Mittelmeerinsel*
capriccio	Laune
fare i capricci	bockig sein
Caraibi *(m. Pl.)*	Karibik
carciofo	Artischocke
carino	hübsch
carne *(f.)*	Fleisch
carne di maiale	Schweinefleisch
Carnevale *(m.)*	Fasching, Karneval
caro	teuer; Liebster (**48** 3, **52** 3)
carota	Karotte
carriera	Karriere
carriera militare	Militärlaufbahn
carta	Karte; Papier (**29** 1)
carta di credito	Kreditkarte
cartoleria	Schreibwarengeschäft
casa	Haus
a casa	zu Hause; nach Hause
casinò	Spielcasino
caso	Zufall
per caso	zufällig
cassa	Kiste
c'è *(→ K 7)*	es gibt, da ist
cellulare *(m.)*	Mobiltelefon, Handy
cena	Abendessen
a cena	zum Abendessen
cenare	zu Abend essen
cenare fuori	auswärts essen
centrale	zentral gelegen

centro	(Stadt)zentrum
centro di estetica	Schönheitssalon
cercare	suchen; versuchen (**49** 1, **54** 3)
certo *(Adv.)*	sicher, gewiss
cesta	Korb
chattare	chatten
che *(bei Vergleichen / → K 37)*	als
che *(Konjunktion)*	dass
che *(Relativpronomen / → K 46)*	der, die, das
che …! *(+ Substantiv / Adjektiv)*	wie …!, was für …!
che bello!	wie schön!
che? *(+ Substantiv / → K 42)*	was für ein?, welcher?
che ora è/ore sono?	wie spät ist es?
che (cosa)? *(→ K 42)*	was?
chi? *(→ K 42)*	wer?
chiamare	(an)rufen
chiamarsi	heißen, sich nennen
chiave *(f.)*	Schlüssel
chiedere *(→ S. 162 f. / Part. Perf.* chiesto*)*	bitten; fragen
chiedere il permesso	um Erlaubnis bitten
chiesa	Kirche
chilo	Kilo
chitarra	Gitarre
chiudere *(→ S. 162 f. / Part. Perf.* chiuso*)*	schließen; einsperren (**44** 1)
chiudere a chiave	absperren
chiuso	geschlossen
ci *(→ K 29)*	dort; dorthin; daran; damit; darauf
ci sono *(→ K 7)*	es gibt, da sind
ci *(→ K 23, 24)*	uns
ciao	hallo
ciclismo	Radsport
cinema *(m.)*	Kino
cinese	chinesisch
cinque	fünf
cioccolata	Schokolade
cioccolatino	Praline
circo	Zirkus
città	Stadt
classe *(f.)*	Klasse

classico	klassisch
clementina	Mandarine, Clementine
cliente *(m. + f.)*	Kunde, Kundin
clinica	Klinik
cocktail *(m.)*	Cocktail
cognac *(m.)*	Kognak
colazione *(f.)*	Frühstück
fare colazione	frühstücken
collana	Halskette
collega *(m. + f.)*	Kollege, Kollegin
colorato	farbig, bunt
colore *(m.)*	Farbe
Colosseo	Kolosseum
colpevole *(m. + f.)*	Schuldiger, Schuldige
coltello	Messer
come *(→ K 37)*	wie
come al solito	wie gewöhnlich
come? *(→ K 42)*	wie?
come mai?	wieso?
come sta?	wie geht es Ihnen?
come stai?	wie geht es dir?
come va?	wie geht's?
cominciare	anfangen, beginnen
commissione *(f.)*	Besorgung
comodo	bequem
compagnia	Gesellschaft
stare in compagnia	in Gesellschaft sein
compagno di scuola	Schulkamerad
compere *(f. Pl.)*	Einkäufe
compiere	vollenden
quanti anni compi?	wie alt wirst du?
compiti *(m. Pl.)*	Hausaufgaben
compito in classe	Klassenarbeit
compleanno	Geburtstag
completamente *(Adv.)*	völlig
completare	zu Ende bringen, beenden
complicato	kompliziert
complimento	Kompliment
comportarsi	sich benehmen, sich verhalten
comprare	kaufen
comprarsi	sich kaufen
computer *(m.)*	Computer
comunque	wie auch immer, jedenfalls
con *(→ K 19)*	mit
concerto	Konzert

concludere — abschließen
  concludere un affare — ein Geschäft zum Abschluss bringen
concorso — Wettbewerb
congresso — Tagung
conoscere *(→ K 45)* — kennen; kennenlernen
conoscersi *(→ K 45)* — sich kennen(lernen)
consegnare — (ab)liefern, übergeben
consigliare — raten, empfehlen
consiglio — Ratschlag
contare (su) — zählen (auf)
contento (di) — zufrieden (mit)
conto — Rechnung
contratto — Vertrag
convinto — überzeugt
coperta — Decke
coraggio — Mut
cornetto — Hörnchen, Croissant
correre — rasen
corretto — mit einem Schuß Alkohol
Corriere *(m.)* della Sera — *ital. Tageszeitung*
corso — Kurs
  corso di cucina — Kochkurs
  corso di lingua — Sprachkurs
cortesemente *(Adv.)* — freundlicherweise
cortesia — Freundlichkeit
  per cortesia — bitte
cosa — Ding, Sache; Speise (**33** 3, **51** 3)
  un'altra cosa — etwas anderes
cosa? *(→ K 42)* — was?
così — so
costare — kosten
costoso — kostspielig, teuer
costruirsi *(-isc-)* — sich (etwas) bauen
costume *(m.)* — Badeanzug
cotone *(m.)* — Baumwolle
cow-boy *(m.)* — Cowboy
cravatta — Krawatte
credere (in, a) — glauben (an)
  credo di no — ich glaube nicht
credito — Kredit
crema — Sahne
crescere — wachsen
critico — Kritiker
cucina — Küche
cucinare — kochen
cucire — nähen
cugina — Cousine
cuginetto — kleiner Cousin
cugino — Cousin
cui *(→ K 46)* — der, die, das *(Relativpronomen)*
cuocere al forno *(Part. Perf.* cotto*)* — im Ofen backen
cuoco — Koch
cuore *(m.)* — Herz
curare — sich kümmern um
curato — gepflegt
cuscino — Kissen

D

da *(→ K 18)* — als; bei; aus; seit; von; zu
d'accordo — einverstanden
  andare d'accordo — sich vertragen
dai! — los!
dama — Damespiel
dare *(→ K 10, S. 162 f.)* — geben
  dare una mano — helfen
dato che — da, weil
davanti a — vor *(örtlich)*
davvero? — wirklich?
debolmente *(Adv.)* — schwach
decidere *(→ S. 162 f. / Part. Perf.* deciso*)* — entscheiden, beschließen
decisione *(f.)* — Entscheidung
definitivo — endgültig
deludere *(Part. Perf.* deluso*)* — enttäuschen
dente *(m.)* — Zahn
dentista *(m. + f.)* — Zahnarzt, -ärztin
dentro — innen
depresso — deprimiert
desiderare — wünschen
destino — Schicksal
di *(→ K 18, 22, 37)* — von; aus; zu; *Teilungsartikel*; als
dieci — zehn
dieta — Diät
  essere a dieta — auf Diät sein
dietologo — Ernährungsberater
difficile — schwierig

dimagrire *(-isc-)* abnehmen
dimenticare vergessen
diminuire *(-isc-)* abnehmen, nachlassen (**36** 2, **36** 4); sinken (**36** 3)
Dio Gott
dipendente *(m. + f.)* Angestellter, Angestellte
dipingere *(→ S. 162 f. / Part. Perf.* dipinto*)* malen
diploma *(m.)* Diplom, Zeugnis
dire *(→ K 10, S. 162 f. / Part. Perf.* detto*)* sagen; sprechen
  che ne dite? was haltet ihr davon?
direttamente *(Adv.)* direkt
direttore / direttrice Direktor / Direktorin
discoteca Disco
disordine *(m.)* Unordnung
disperato verzweifelt
dispiacere leidtun; missfallen (**24** 2); stören (**49** 1)
  mi dispiace es tut mir leid
disturbare stören
ditta Firma
divano Sofa
diventare werden
diverso verschieden, anders
  qualcosa di diverso etwas anderes
divertente lustig
divertirsi sich amüsieren
divorziare sich scheiden lassen
doccia Dusche
  fare la doccia (sich) duschen
documenti *(m. Pl.)* Unterlagen
dolce *(m.)* Kuchen
dolce süß
dolci *(m. Pl.)* Süßigkeiten
Dolomiti *(f. Pl.)* Dolomiten
domanda Frage
domani morgen
domenica Sonntag
  la domenica am Sonntag, sonntags
domestica Dienstmädchen, Putzfrau
donna Frau
dopo nach; danach (**9** 2, **44** 1); später (**58** 1)
  dopo che nachdem
doppio doppelt, Doppel-
dormire schlafen; übernachten (**18** 2, **48** 4, T4)
dottor(e) *(m.)* (Herr) Doktor
dottoressa Frau Doktor
dove? *(→ K 42)* wo?; wohin?
  da/di dove? woher?
dovere *(→ K 9, S. 164 f.)* müssen, sollen
dramma *(m.)* Drama, Schauspiel
due zwei
duemila zweitausend
dunque also
durante während
duro hart

E

e *(→ K 63)* und
eccellente hervorragend
eccezionale einmalig
eccitante aufregend
eccitato aufgeregt
economico günstig
ed *(→ K 63)* und
edicola Kiosk
edificio Gebäude
ehi! he! *(Ausruf)*
elegante elegant
elementare Grund-
elezione *(f.)* Wahl
elicottero Helikopter
e-mail *(f.)* E-Mail
emozione *(f.)* Gefühl, Emotion
entrare eintreten, hereinkommen
  entrare in macchina ins Auto steigen
Epifania Fest der Heiligen Drei Könige
eppure dennoch, trotzdem
ereditare erben
errore *(m.)* Fehler, Irrtum
esagerare übertreiben
esame *(m.)* Prüfung
  esame di guida Führerscheinprüfung
escursione *(f.)* Ausflug
esercizio Übung
esibire *(-isc-)* zur Schau stellen, zeigen
esposizione *(f.)* Ausstellung

esserci *(→ K 7)*	da sein, geben
c'è	es gibt, da ist
ci sono	es gibt, da sind
essere *(→ K 6, 64, S. 164 f. / Part. Perf.* stato*)*	sein; werden
estate *(f.)*	Sommer
estero	Ausland
estetica	Schönheit
estivo	sommerlich, Sommer-
etichetta	Etikett
Etna *(m.)*	Ätna *(Vulkan auf Sizilien)*
etto	100 Gramm
euro	Euro
Europa	Europa
evitare	vermeiden

F

fa	vor *(zeitlich)*
due settimane fa	vor zwei Wochen
faccia	Gesicht
che brutta faccia!	wie siehst du denn aus!
fame *(f.)*	Hunger
venire fame	Hunger bekommen
famiglia	Familie
famoso	berühmt
fantascienza	Science Fiction
fantasia	Fantasie
fantastico	fantastisch
farcela	etwas schaffen
non ce la faccio	ich schaffe es nicht
fare *(→ K 10, S. 164 f. / Part. Perf.* fatto*)*	machen, tun; ablegen *(Prüfung)*; werden
fare caldo	warm sein
fare colazione	frühstücken
fare freddo	kalt sein
fare la doccia	duschen
fare la spesa	einkaufen
fare la valigia	den Koffer packen
fare sapere	wissen lassen
fare vedere	zeigen
molto da fare	viel zu tun
farina	Mehl
farmacia	Apotheke
farmacista *(m. + f.)*	Apotheker(in)
fatalista	Fatalist
fatica	Mühe, Anstrengung
che fatica!	wie anstrengend!
favola	Märchen
favore *(m.)*	Gefallen
per favore	bitte
fazzoletto	Taschentuch
febbre *(f.)*	Fieber
felice	glücklich
fermata	Haltestelle
fermo	stehend *(Fahrzeug)*
feroce	wild
festa	Fest, Party; Feiertag (**21** 1)
festa dei lavoratori	Tag der Arbeit
festa del papà	Vatertag
festeggiare	feiern
festival di Sanremo	*bekanntester Schlagerwettbewerb Italiens*
fetta	Stück
fidanzarsi	sich verloben
fidanzata	Verlobte; feste Freundin
fidanzato	Verlobter; fester Freund
fiera	Messe *(Handel)*
fiero	stolz
figli *(m. Pl.)*	Kinder
figlia	Tochter
figlio	Sohn
fila	Schlange
fare la fila	anstehen
film *(m.)*	Film
film d'amore	Liebesfilm
finale *(f.)*	Finale, Endspiel
finalmente *(Adv.)*	endlich
fine *(f.)*	Ende
alla fine	am Ende
fine settimana *(m.)*	Wochenende
il fine settimana	am Wochenende
finestra	Fenster
finire *(-isc-)*	aufhören, (be)enden, fertig sein, zu Ende machen/sein; aufbrauchen (**35** 1)
fino a	bis
fino a tardi	bis spätabends (**10** 4); sehr lange (T1)
fiore *(m.)*	Blume
a fiori	geblümt
firmare	unterschreiben

fissare	ausmachen *(Termin)*
fiume *(m.)*	Fluß
fondo	Hintergrund
(lì) in fondo	(dort) hinten
fontana	Brunnen
formaggio	Käse
Formula 1	Formel 1
forno	Backofen
forse	vielleicht
forte	stark
fortuna	Glück
per fortuna	zum Glück
fortunato	glücklich
essere fortunato	Glück haben
foto *(f.)*	Foto
fotografare	fotografieren
fra *(→ K 19)*	zwischen; in *(zeitlich)*
fragola	Erdbeere
francese *(m. + f.)*	Französisch *(Sprache)*; Franzose, Französin (**6** 3)
Francia	Frankreich
francobollo	Briefmarke
fratelli *(m. Pl.)*	Geschwister
fratellino	Brüderchen
fratello	Bruder
Frecciarossa *(m.)*	*Hochgeschwindigkeitszug*
freddo	kalt
che freddo!	was für eine Kälte!
fa freddo	es ist kalt
frequentare	besuchen; verkehren mit (**58** 2)
fresco	frisch
fretta	Eile
avere fretta	es eilig haben
frigorifero	Kühlschrank
fronte	Vorderseite
di fronte (a)	gegenüber
frutta	Obst
frutti di mare	Meeresfrüchte
fruttivendolo	Obsthändler
fumare	rauchen
fungo	Pilz
funzionare	funktionieren
fuori	auswärts
furbo	schlau

G

gara	Wettkampf
gatto	Katze
gatto siamese	Siamkatze
gelato	Speiseeis
gelato al caffè	Eis mit Kaffeegeschmack
gelato al limone	Zitroneneis
geloso	eifersüchtig
generale	allgemein, generell
genere *(m.)*	Art
genere musicale	Musikrichtung
in genere	im Allgemeinen, normalerweise
genitori *(m. Pl.)*	Eltern
gennaio	Januar
gente *(f. Sg.)*	Leute
gentile	nett, freundlich
Germania	Deutschland
già	schon
giacca	Jacke
giapponese *(m.)*	Japanisch *(Sprache)*
giardinaggio	Gartenarbeit
giardino	Garten
Ginevra	Genf
ginnastica	Gymnastik
giocare	spielen
giocare a calcio	Fußball spielen
giocattolo	Spielzeug
gioco	Spiel
gioiello	Juwel, Schmuckstück
giornalaio	Zeitungsverkäufer
giornale *(m.)*	Zeitung
giornalista *(m. + f.)*	Journalist(in)
giornata	Tag *(Verlauf)*
giorno	Tag
al giorno	am Tag
giovane *(m. + f.)*	Jugendlicher, Jugendliche
da giovane	als Jugendliche(r), als ich jung war
giovane *(Adj.)*	jung
giovedì *(m.)*	Donnerstag
giro	Bummel (**49** 1); Rundreise (**50** 1, T4)
giro del mondo	Weltreise
gita	Ausflug
giù	runter
giusto	richtig

gli *(→ K 3, 4, 24, 25)*	die; ihm; ihnen
gnocchi (al pesto) *(m. Pl.)*	*ital. Kartoffelklößchen (mit Basilikumsoße)*
gonna	Rock
Gran Premio	Großer Preis, Grand Prix
grande	groß; alt (**37** 3)
da grande	wenn er/sie groß ist
gratis	kostenlos
grazie	danke
Grecia	Griechenland
gridare	schreien
guadagnare	verdienen
guaio	Unglück, Ärger
essere nei guai	in der Klemme sein
guanto	Handschuh
guardare	(an)sehen, (an)schauen
guardare la TV	fernsehen
guidare	(Auto) fahren

I

i *(→ K 3, 4)*	die
idea	Idee
idraulico	Klempner
ieri	gestern
l'altro ieri	vorgestern
il *(→ K 3, 4)*	der
immaginare	sich (etwas) vorstellen
imparare	lernen
impegnarsi	sich engagieren
impegno	Verpflichtung
impermeabile *(m.)*	Regenmantel
importante	wichtig
improvvisamente *(Adv.)*	plötzlich
improvviso	plötzlich
in *(→ K 17)*	auf; in; nach; mit
inaugurare	einweihen
incidente *(m.)*	Unfall
incinta	schwanger
incontrare	treffen
incontrarsi	sich treffen
incontro	Treffen
incredibile	unglaublich
indirizzo (e-mail)	(E-Mail-)Adresse
indossare	anziehen
industria	Industrie
infatti	tatsächlich, in der Tat
infelice	unglücklich
informazione *(f.)*	Information, Auskunft
ingegner(e) *(m.)*	Ingenieur; Herr Ingenieur (**53** 2)
Inghilterra	England
inglese *(m.)*	Englisch *(Sprache)*; Engländer (**39** 3)
ingrassare	dick werden, zunehmen
iniziare	beginnen
innaffiare	gießen
innamorarsi	sich verlieben
insalata	Salat
insegnante *(m. + f.)*	Lehrer(in)
insegnare	beibringen
insieme (a)	zusammen (mit)
insistere (tanto)	(unbedingt) auf etwas bestehen
insopportabile	unerträglich
intelligente	intelligent
interessante	interessant
interessare	interessieren
inutile	unnütz
inventare	erfinden
invitare	einladen
invito	Einladung
io *(→ K 6)*	ich
irritare	ärgern
Ischia	*ital. Mittelmeerinsel*
iscriversi *(→ S. 164 f. / Part. Perf.* iscritto*)*	sich einschreiben, sich anmelden
isola	Insel
istintivamente *(Adv.)*	instinktiv
Italia	Italien
italiana	Italienerin
italiano	Italienisch *(Sprache)*; Italiener (T1, **27** 4); italienisch (**13** 4, T2, **38** 1)

J

jogging *(m.)*	Jogging
fare jogging	joggen
Juve (Juventus) *(f.)*	Juventus Turin *(Fußballverein)*

L

la (l') *(→ K 4, 5, 23, 25)*	die; sie
La *(→ K 23)*	Sie *(Höflichkeitsform)*
là	dort
ladro	Dieb
lago	See
lampada	Lampe
lana	Wolle
largo	breit
lasagne *(f. Pl.)*	Lasagne *(ital. Teigspeise)*
lasciare	lassen; verlassen (**47** 3, **64** 2); aufgeben (**54** 4)
lasciarsi	sich trennen
latino	Latein
lato	Seite
dall'altro lato	auf der anderen Seite
latte *(m.)*	Milch
lavanderia	Wäscherei
lavare	(ab)waschen
lavarsi	sich waschen
lavastoviglie *(f.)*	Geschirrspülmaschine
lavatrice *(f.)*	Waschmaschine
lavorare	arbeiten
lavorare in proprio	selbstständig arbeiten
lavoratore *(m.)*	Arbeiter
lavoro	Arbeit
le *(→ K 4, 5, 23, 24, 25)*	die; sie; ihr
Le *(→ K 24)*	Ihnen *(Höflichkeitsform)*
legale	Rechtsanwalts-
leggere *(→ S. 164 f. / Part. Perf.* letto*)*	lesen
leggero	leicht
lei *(→ K 6, 23, 24)*	sie
a lei	ihr
Lei *(→ K 6, 23, 24)*	Sie *(Höflichkeitsform)*
a Lei	Ihnen *(Höflichkeitsform)*
lente *(f.)* a contatto	Kontaktlinse
lento	langsam
lettera	Brief
letto	Bett
lettore DVD *(m.)*	DVD-Player
lezione *(f.)*	Unterrichtsstunde
lì	dort
li *(→ K 23, 25)*	sie
libero	frei
libro	Buch
libro di ricette	Kochbuch
licenziarsi	kündigen
liceo	Gymnasium
Liguria	Ligurien *(ital. Region)*
limone *(m.)*	Zitrone
lingua	Sprache
lino	Leinen
liquore *(m.)*	Likör
Lisbona	Lissabon
litigare	streiten
litro	Liter
lo *(→ K 3, 4, 23, 25)*	der, das; es; ihn
Londra	London
lontano	weit (entfernt)
loro *(→ K 6, 23, 24, 39, 40)*	sie; ihr, ihre
a loro	ihnen
lotteria	Lotterie
lotto	Lotto, Lotterie
luce *(f.)*	Licht
luglio	Juli
lui *(→ K 6, 23, 24)*	er; ihn
a lui	ihm
luna di miele	Flitterwochen
lunedì *(m.)*	Montag
lungo	lang
a lungo	lange
più a lungo	länger
lungomare *(m.)*	Strandpromenade

M

ma *(→ K 63)*	aber
macchia	Fleck
macchina	Auto
macchina fotografica	Fotoapparat
macelleria	Metzgerei
madre *(f.)*	Mutter
maggio	Mai
maglione *(m.)*	Pullover
magro	dünn, schlank
mai *(→ K 28)*	nie; je (**59** 4)
come mai?	wieso?
mai più	nie mehr, nie wieder
maiale *(m.)*	Schwein
malato	krank

mal(e) *(m.)*	Schmerz
mal di denti/ schiena/testa	Zahn-/Rücken-/Kopf-schmerzen
male *(Adv.)*	schlecht, böse
fare male	schlecht bekommen (**41** 4); weh tun (**53** 4)
farsi male	sich wehtun
maleducato	ungezogen
malvolentieri	ungern
mamma	Mama
mamma mia!	meine Güte!
mancare	fehlen
mancia	Trinkgeld
mandare	senden, schicken
mangiare	essen
mano *(f., Pl.* le mani*)*	Hand
dare una mano	helfen
mantenere *(→ S. 164 f.)*	(er)halten
mare *(m.)*	Meer
Mare Mediterraneo	Mittelmeer
marito	(Ehe)mann
marmellata	Marmelade
marrone	braun
martedì *(m.)*	Dienstag
maschera	Maske
massaggio	Massage
master *(m.)*	Masterstudium
matematica	Mathematik
matita	Bleistift
matrimonio	Hochzeit
mattina	Vormittag; Morgen
la mattina	morgens
mattino	Morgen
me *(→ K 23, 24, 25)*	mich
a me	mir
meccanico	Automechaniker
andare dal meccanico	in die Werkstatt fahren
medicina	Medizin
medico *(m.)*	Arzt, Ärztin
Mediterraneo	Mittelmeer
meglio *(→ K 37)*	besser
mela	Apfel
meno *(→ K 37, 38)*	weniger; vor *(Uhrzeit)* (**21** 1, **21** 2, **21** 3, T2)
di meno	weniger
il meno grande	der Kleinste
meno grande	kleiner
mensa	Mensa; Kantine
mentire	lügen
mentre *(→ K 63)*	während
mercato	Markt
mercoledì *(m.)*	Mittwoch
merenda	Imbiss, Pausenbrot
mese *(m.)*	Monat
messa	Messe *(Kirche)*
metafisico	metaphysisch
metropolitana	U-Bahn
mettere *(→ S. 164 f. / Part. Perf.* messo*)*	legen, setzen, stellen
mettere in ordine	aufräumen
mettersi	anziehen
mezza	halb *(Uhrzeit)*
mezzanotte *(f.)*	Mitternacht
mezzo	Mittel (**13** 1, **26** 4); halb
mezzi pubblici *(m. Pl.)*	öffentliche Verkehrsmittel
mezzo di trasporto	Verkehrsmittel
mezzogiorno	Mittag
mezz'ora	halbe Stunde
mi *(→ K 23, 24, 25)*	mir; mich
migliorare	besser werden
migliore *(→ K 37)*	besser; bester, -e, -es
Milan *(m.)*	AC Mailand *(Fußballverein)*
Milano	Mailand
miliardo	Milliarde
milione *(m.)*	Million
militare	militärisch, Militär-
minestra	Suppe
minuto	Minute
mio *(→ K 39, 40)*	mein; meiner, -e, -es
mobile *(m.)*	Möbel(stück), Schrank
moda	Mode
alla moda	modisch, nach der Mode
modella	Modell
modo	Art und Weise
in modo	auf eine Art und Weise
moglie *(f.)*	(Ehe)frau
moltissimo	sehr; sehr viel(e)
molto *(Adj. / → K 41)*	viel(e)

molto *(Adv.)*	viel, sehr
molto da fare	viel zu tun
momento	Moment
mondo	Welt
monolocale *(m.)*	Einzimmerwohnung
monotono	eintönig
montagna	Gebirge, Berge; Berg (**46** 3)
monumento	Bauwerk, Denkmal
morire *(Part. Perf.* morto*)*	sterben
mortadella	*ital. Wurstspezialität*
morte *(f.)*	Tod
morto	tot
mostra	Ausstellung
moto *(f.)*	Motorrad
motorino	Moped
mozzarella	*ital. Käse*
multa	Geldstrafe
fare una multa a qualcuno	jemanden mit einer Geldstrafe belegen
municipio	Rathaus
muovere *(→ S. 164 f. / Part. Perf.* mosso*)*	bewegen
muro	Mauer
muscoloso	muskulös
museo	Museum
musica	Musik
musica classica	klassische Musik
musica rap	Rapmusik
musica rock	Rockmusik
musicale	Musik-
musicista *(m. + f.)*	Musiker(in)

N

napoletano	neapolitanisch
Napoli	Neapel
nascere *(→ S. 164 f. / Perf. Part.* nato*)*	zur Welt kommen, geboren werden
nascita	Geburt
nascondere *(Part. Perf.* nascosto*)*	verstecken
Natale *(m.)*	Weihnachten
nave *(f.)*	Schiff
navigare	surfen *(Internet)*
ne *(→ K 30)*	davon; darüber; dazu
né … né *(→ K 28)*	weder … noch
neanche *(→ K 28)*	auch nicht
necessario	notwendig
negozio	Geschäft
nemmeno *(→ K 28)*	nicht einmal
nero	schwarz
nervoso	nervös
nessuno *(→ K 28)*	niemand
neve *(f.)*	Schnee
nevicare	schneien
niente *(→ K 28)*	nichts
niente di bello	nichts Schönes
nipote *(m. + f.)*	Enkelkind
nipotino	Enkelchen
no *(→ K 27)*	nein; nicht
no comment	kein Kommentar
no?	nicht wahr?
noi *(→ K 6, 23, 24)*	wir; uns
a noi	uns
noia	Langeweile
che noia!	wie langweilig!
noioso	langweilig
nome *(m.)*	Name
non *(→ K 27, 28)*	nicht; kein
nonna	Großmutter
nonni *(m. Pl.)*	Großeltern
nonno	Großvater
nonostante *(→ K 63)*	obwohl
nostro *(→ K 39, 40)*	unser; unserer, -e, -es
notare	bemerken
notizia	Nachricht
notte *(f.)*	Nacht
di notte	nachts
nozze *(f. Pl.)*	Hochzeit
nozze d'oro *(f. Pl.)*	Goldene Hochzeit
numero	Nummer; Größe (**42** 3)
numero di telefono	Telefonnummer
nuovo	neu
di nuovo	noch einmal (**25** 3), schon wieder (**36** 4), wieder (**55** 2)

O

o	oder
occhiali *(m. Pl.)*	Brille
occhio	Auge
oddio!	oh, Gott!
offerta	Angebot

offrire *(→ S. 164 f. / Part. Perf.* offerto*)*	anbieten; ausgeben, zahlen *(Einladung)* (**5** 3, **25** 3, **27** 2, **35** 4)
oggetto	Gegenstand
oggetto d'antiquariato	Antiquität
oggi	heute
ogni *(→ K 41)*	jeder, -e, -es
Olanda	Holland
olio	Öl
ombrello	Regenschirm
opera	Oper
operaio	Arbeiter, Handwerker
operazione *(f.)*	Operation
oppure *(→ K 63)*	oder
ora	Stunde; Uhr(zeit); Zeit (**26** 4, **44** 1); jetzt (**30** 4, **39** 1, **43** 3)
a che ora?	um wie viel Uhr?
che ora è/ore sono?	wie spät ist es?
era ora	es war Zeit
per ore	stundenlang
orario	Zeitplan
in orario	pünktlich
orchidea	Orchidee
ordinato	ordentlich
ordine *(m.)*	Ordnung
orecchino	Ohrring
organizzare	organisieren
orientale	orientalisch
originale	originell
oro	Gold
orologio	Uhr
oroscopo	Horoskop
orribile	schrecklich
ospedale *(m.)*	Krankenhaus
ospite *(m. + f.)*	Gast
ottenere *(→ S.164 f.)*	erhalten
ottimo	ausgezeichnet
otto	acht
ottobre	Oktober

P

pacchetto	Schachtel
pacco	Packung (**22** 3); Paket (**17** 4, **56** 1)
padre *(m.)*	Vater
paese *(m.)*	Land
pagare	(be)zahlen
paio	Paar
un paio (d'ore)	ein paar (Stunden)
palazzo	Wohnhaus
palestra	Turnhalle; Fitnessstudio
pallavolo *(f.)*	Volleyball
pallone *(m.)*	(Fuß)ball
pane *(m.)*	Brot
panetteria	Bäckerei
panino	Brötchen
panna	Sahne
panorama *(m.)*	Panorama
pantaloni *(m. Pl.)*	Hose
papà *(m.)*	Vati
parcheggiare	parken
parco	Park
parente *(m. + f.)*	Verwandter, Verwandte
parere	(er)scheinen
Parigi	Paris
parlare	sprechen, reden
parola	Wort
parrucchiere *(m.)*	Friseur
parte *(f.)*	Teil
da queste parti	in dieser Gegend
partecipare (a)	teilnehmen (an)
particolare	besonders, außergewöhnlich
partire	abfahren; wegfahren
partita	Spiel; Runde (**14** 1, **62** 1)
fare una partita a carte	eine Runde Karten spielen
partita a calcio	Fußballspiel
Pasqua	Ostern
passante *(m. + f.)*	Passant(in)
passare	verbringen; vorbeifahren (**45** 3); reichen (**49** 4); weggehen (**62** 4)
passato	Vergangenheit
passeggiata	Spaziergang
fare una passeggiata	spazieren gehen
pasta	Nudeln
pastiera	*neapolitanischer Osterkuchen*
patata	Kartoffel

paura	Angst
avere paura	Angst haben, befürchten
pavimento	Fußboden
pazienza	Geduld
pazzesco	verrückt
pazzo	verrückt
che pazzi!	wie verrückt!
peccato!	schade!
essere un peccato	schade sein
pedigree *(m.)*	Stammbaum *(für Tiere)*
pelle *(f.)*	Leder
penna	Kugelschreiber
penne *(f. Pl.)*	*ital. Nudelsorte*
pensare (a)	denken (an)
penso di sì	ich glaube ja
pensione *(f.)*	Pension; Rente (**19** 2, **55** 2)
peperone *(m.)*	Paprika
per *(→ K 19)*	für; in; nach *(Richtung)*; wegen
per *(mit Infinitiv / → K 19)*	um … zu
pera	Birne
perché *(→ K 63)*	weil
perché? *(→ K 42)*	warum?
perciò *(→ K 63)*	deshalb
perdere *(→ S. 164 f. / Part. Perf.* perso*)*	verlieren; verpassen (**34** 4, **45** 2)
perdita	Verlust
perfettamente *(Adv.)*	perfekt
pericoloso	gefährlich
perla	Perle
permesso	Erlaubnis
permettere *(→ S. 164 f.)*	erlauben
pernottare	übernachten
però	aber
persona	Person
persone *(f. Pl.)*	Menschen
pesante	schwer
pesare	wiegen
pescare	angeln
pesce *(m.)*	Fisch
pesto	*ital. Basilikumsoße*
pettinarsi	sich kämmen
pettine *(m.)*	Kamm
piacere *(m.)*	Gefallen
per piacere	bitte
piacere *(→ K 26, S. 164 f. / Part. Perf.* piaciuto*)*	gefallen, mögen
mi piace	es gefällt mir, ich mag es
piacevole	angenehm
piangere *(→ S. 164 f. / Part. Perf.* pianto*)*	weinen
piano	Stockwerk
pianoforte *(m.)*	Klavier
pianta	Pflanze
piatto	Teller; Gericht (**13** 4, **61** 3)
piatti *(m. Pl.)*	Geschirr
primo piatto	erster Gang
piazza	Platz
piccante	pikant, scharf
piccolo	klein; jung (**23** 2)
da piccolo	als er/sie klein war
picnic *(m.)*	Picknick
piede *(m.)*	Fuß
a piedi	zu Fuß
pieno	voll
pigro	faul
pinacoteca	Pinakothek
ping-pong *(m.)*	Tischtennis
pioggia	Regen
piovere	regnen
piscina	Schwimmbad
pittura	Malerei
pitturare	streichen
più *(→ K 28, 37, 38)*	mehr
di più	mehr; besser (**42** 1)
più grande	größer
il più grande	der Größte
pizza margherita	*Pizza-Variante mit Tomaten, Mozzarella, Basilikum und Olivenöl*
po'	wenig, bisschen
un altro po' (di)	noch etwas (von)
un po' (di)	ein wenig, ein bisschen
Po *(m.)*	*größter Fluss Italiens*
poco	wenig
fra/tra poco	in Kürze, bald
poesia	Gedicht
poesia d'amore	Liebesgedicht
poi	dann
poiché	da, weil
polizia	Polizei

pollo	Huhn, Hähnchen
poltrona	Sessel
pomeriggio	Nachmittag
di pomeriggio	nachmittags
il pomeriggio	am Nachmittag, nachmittags
pomodoro	Tomate
popolare	populär, beliebt
porta	Tür
portafoglio	Geldbeutel
portare	tragen; anhaben (**13** 4, **16** 2, **31** 4, **41** 3, T4); bringen (**18** 2, **24** 1, T2, **35** 3, **49** 2, **50** 3); mitbringen (**40** 3); mitnehmen (**47** 4)
possedere	besitzen
possibile *(m.)*	(das) Mögliche
possibile	möglich
possibilità	Möglichkeit
posta	Post
postale	Post-
posto	Stelle
al posto tuo/tuo posto	an deiner Stelle
potere *(→ K 9, S. 166 f.)*	können; dürfen
pranzare	zu Mittag essen
pranzo	Mittagessen
preferire *(-isc-)*	lieber mögen, vorziehen, bevorzugen
preferito	Lieblings-
pregiato	hochwertig
prego	bitte
premio	Preis *(Gewinn)*
prendere *(→ S. 166 f. / Part. Perf.* preso*)*	nehmen; holen (**52** 3); abholen (**62** 1); zu sich nehmen (**18** 2, **35** 1)
prendere una multa	einen Strafzettel bekommen
prenotare	reservieren; buchen (**17** 2, **47**)
prenotazione *(f.)*	Reservierung
preoccuparsi	sich Sorgen machen
preparare	machen, zubereiten *(Speisen/Getränke)*; vorbereiten (**37** 2, **41** 3)
prepararsi	sich fertig machen
preparato	(gut) vorbereitet
prestare	(aus)leihen
prestito	Darlehen
presto	früh
al più presto	so bald wie möglich
prezioso	wertvoll
prezzo	Preis *(Kaufpreis)*
prima	zuerst; früher (**43** 3, **43** 4, **44** 2, **45** 2, T4, **62** 3)
prima che *(→ K 63)*	bevor
prima di	vor; bevor
prima o poi	früher oder später
primo	erster, -e, -es
principale	Haupt-
probabile	wahrscheinlich
problema *(m.)*	Problem
prodotto	Produkt
produrre *(→ S. 166 f. / Part. Perf.* prodotto*)*	produzieren, herstellen
professore *(m.)*	Professor, Lehrer
professoressa	Professorin, Lehrerin
profumato	duftend, wohlriechend
programma *(m.)*	Programm; (Lehr)stoff (**47** 1)
promozione *(f.)*	Beförderung
dare una promozione	befördern
promuovere *(Part. Perf.* promosso*)*	befördern *(Beruf)*; versetzen *(Schule)*
pronto!	hallo! *(am Telefon)*
proposta	Vorschlag
proprio *(Adv.)*	wirklich; ausgerechnet (**23** 3); nur (**46** 2)
lavorare in proprio	selbstständig arbeiten
non … proprio	überhaupt nicht
prosciutto	Schinken
prosciutto di Parma	Parmaschinken
prossimo	nächster, -e, -es
provare	anprobieren; (aus)probieren (**25** 4); kosten (**46** 2); versuchen (**49** 2)
provincia	Provinz *(Verwaltungseinheit in Italien)*
pseudonimo	Pseudonym
psicologo	Psychologe
pubblicare	veröffentlichen
pubblico	öffentlich

pulire *(-isc-)*	putzen
pulirsi *(-isc-)*	sich putzen
pullover *(m.)*	Pullover
pure *(→ K 63)*	auch; ruhig (**52** 3, **52** 4, T4)
purtroppo	leider

Q

qua	hier
quaderno	Heft
quadro	Bild, Gemälde
a quadri	kariert
qualche *(→ K 41)*	einige
qualche volta	manchmal
qualcosa	etwas
qualcuno	jemand
quale (il quale) *(→ K 46)*	welcher, -e, -es; der, die, das
qual(e)? *(→ K 42)*	welcher, -e, -es?
quando *(→ K 63)*	(immer) wenn; als
da quando	seitdem
quando? *(→ K 42)*	wann?
quanto *(→ K 37)*	wie
quanto? *(→ K 42)*	wie viel?
quante volte?	wie oft?
quanti anni?	wie alt?
quanti anni compi?	wie alt wirst du?
quartiere *(m.)*	(Stadt)viertel
quarto	Viertel
quattro	vier
quello *(→ K 32)*	jener, jene, jenes; der, die, das dort
quello che	das, was
questo *(→ K 31)*	dieser, diese, dieses
per questo	deshalb, aus diesem Grund
qui	hier
di qui	aus dieser Gegend
quindi *(→ K 63)*	deshalb
quinto	fünfter, -e, -es

R

raccogliere	sammeln
raccontare	erzählen
racconto	Erzählung
radio *(f.)*	Radio
ragazza	Mädchen, Jugendliche, junge Frau; Freundin, Partnerin
la mia ragazza	meine (feste) Freundin
ragazzo	Junge, Jugendlicher, junger Mann; Freund, Partner
da ragazzo	als Junge/Jugendlicher
il mio ragazzo	mein (fester) Freund
ragione *(f.)*	Recht
avere ragione	recht haben
rapinatore *(m.)*	Räuber
raramente *(Adv.)*	selten
razionalmente *(Adv.)*	rational
recitare	aufsagen, vortragen
record *(m.)*	Rekord
regalare	schenken
regalo	Geschenk
regione *(f.)*	Region
regista *(m. + f.)*	Regisseur(in)
regola	Regel
regolare	regelmäßig
restare	bleiben
restituire *(-isc-)*	zurückgeben
riappacificarsi	sich wieder versöhnen
ricco	reich
ricercato	Gesuchter
ricetta	Rezept
ricevere	erhalten
ricordare	erinnern
ricordarsi	sich erinnern
ridere *(→ S. 166 f. / Part. Perf.* riso*)*	lachen
rifiutare	ablehnen
riga	Streifen, Linie
a righe	gestreift
rilassante	erholsam
rilassarsi	sich entspannen
rimandare	verschieben
rimanere *(→ K 10, S. 166 f. / Part. Perf.* rimasto*)*	bleiben; übrig bleiben (**41** 4)
rimanere fermo	stehen bleiben
rinunciare	verzichten
riparare	reparieren
riparazione *(f.)*	Reparatur
ripetere	wiederholen
riportare	zurückbringen

riposarsi	sich erholen, sich ausruhen
riprendersi	sich erholen, genesen
riscaldamento	Heizung
risolvere *(Part. Perf.* risolto*)*	lösen
rispondere *(→ S. 166 f. / Part. Perf.* risposto*)*	antworten
risposta	Antwort
ristorante *(m.)*	Restaurant
ristrutturare	renovieren
risultato	Ergebnis
ritardo	Verspätung
in ritardo	zu spät, mit Verspätung
ritirare	abholen
ritornare	zurückkommen, wieder kommen
ritorno	Rückkehr
al ritorno	bei der Rückkehr
riunione *(f.)*	Treffen, Versammlung
riuscire (a) *(→ K 10, S. 166 f.)*	gelingen, etwas schaffen
rivedere *(Part. Perf.* rivisto*)*	wiedersehen
rivista	Zeitschrift
Roma	Rom
romanzo	Roman
rompersi *(Part. Perf.* rotto*)*	kaputtgehen
rosa	Rose
rosso	rot
rotto	kaputt
rubare	stehlen
rumoroso	laut
ruota	Reifen
ruota bucata	Reifenpanne

S

sabato	Samstag
il sabato	am Samstag, samstags
sacco	Haufen
un sacco	wahnsinnig
un sacco di	eine (große) Menge, ein Haufen
un sacco di tempo	wahnsinnig lange
sala	Saal, Raum
sala da pranzo	Esszimmer, Speisesaal
salame *(m.)*	Salami
salire *(→ S. 167 f.)*	(hinauf)steigen; hochfahren (**36** 2)
salmone *(m.)*	Lachs
salotto	Wohnzimmer
saltare	springen
San Silvestro	Silvester
sapere *(→ K 9, 45, S. 166 f.)*	können; wissen; erfahren
fare sapere	wissen lassen
sapore *(m.)*	Geschmack
Sardegna	Sardinien
sarta	Schneiderin
sbagliarsi	sich täuschen
sbaglio	Fehler
sbrigarsi	sich beeilen
scacchi *(m. Pl.)*	Schach *(Spiel)*
scala	Treppe
scambiarsi	austauschen
scandalo	Skandal
scappare	abhauen
scaricare	herunterladen
scarpa	Schuh
scatola	Schachtel
scegliere *(→ K10, S. 168 f. / Part. Perf.* scelto*)*	wählen
scendere *(→ S. 168 f. / Part. Perf.* sceso*)*	aussteigen; hinuntergehen (**36** 3, **44** 3)
scendere di corsa	hinunterrennen
schema *(m.)*	Schema
scherzo	Scherz
schiena	Rücken
sciare	Ski fahren
scioccato	schockiert
sciopero	Streik
scommettere	wetten
scoprire *(→ S. 168 f. / Part. Perf.* scoperto*)*	entdecken
scorso	vergangen, letzter, -e, -es
scrivania	Schreibtisch
scrivere *(→ S. 168 f. / Part. Perf.* scritto*)*	schreiben
scudetto	Meistertitel *(ital. Fußball)*
scultura	Bildhauerei
scuola	Schule
scuola elementare	Grundschule
scuro	dunkel

scusa	Ausrede
scusare	entschuldigen
scusa!	entschuldige!
scusi!	entschuldigen Sie!
se (→ *K 62*)	wenn, falls *(konditional)*; ob *(indirekt)*
sebbene (→ *K 63*)	obwohl
seccarsi	verdorren
secco	vertrocknet
secondo	nach der Meinung von …; zweiter Gang (**49** 1)
secondo me	meiner Meinung nach
sedere (→ *K 10, S. 168 f.*)	sitzen
sedersi	sich setzen
sedia	Stuhl
segretaria	Sekretärin
seguire	besuchen; (ver)folgen (**23** 3)
sei	sechs
sembrare	scheinen, den Anschein haben, aussehen
semestre *(m.)*	Semester
sempre	immer; immer noch
sensibile	sensibel
sentire	hören
senti!	hör mal!
sentirsi	sich fühlen
senza	ohne
sera	Abend
la sera	am Abend, abends
serata	Abend *(Verlauf)*
serio	ernst
servire	brauchen
mi serve	ich brauche
servirsi	sich bedienen
set *(m.)*	Set, Satz
seta	Seide
sete *(f.)*	Durst
sette	sieben
settembre	September
settimana	Woche
sfilata	Modenschau
shampoo	Shampoo
sherry *(m.)*	Sherry
si (→ *K 11, 12*)	man; sich
sì	ja

sia … sia/che (→ *K 63*)	sowohl … als auch
siamese	siamesisch
siccome (→ *K 63*)	da, weil
Sicilia	Sizilien
sicuramente *(Adv.)*	bestimmt
sicuro	sicher
sigaretta	Zigarette
signor(e)	Herr
signora	Frau
signori *(m. Pl.)*	Herr und Frau; (meine) Dame(n) und (mein) Herr(en) (**30** 3, **39** 4, **53** 2, T4)
signorina	Fräulein
silenziosamente *(Adv.)*	still, ruhig
simpatico	sympathisch
sincero	aufrichtig, ehrlich
sintetico	aus synthetischen Materialien
situazione *(f.)*	Situation
smettere (→ *S. 168 f.*)	aufhören
soffrire	leiden
soldi *(m. Pl.)*	Geld
sole *(m.)*	Sonne
solito	gewohnt, üblich
come al solito	wie gewöhnlich
di solito	(für) gewöhnlich
sollevare	heben
solo	nur; erst (**64** 3)
da solo	allein
soluzione *(f.)*	Lösung
sopportare	ertragen
soprattutto	besonders
sorella	Schwester
sorellina	Schwesterchen
sorpresa	Überraschung
che sorpresa!	was für eine Überraschung!
sostenere	ablegen
sotto	unter (**8** 3); unten (**15** 3)
spaghetti *(m. Pl.)*	Spaghetti
spaghetti alla carbonara	Spaghetti mit Speck und Eiern
Spagna	Spanien
spagnolo	Spanisch *(Sprache)*; spanisch (**6** 2, **10** 4)
specchio	Spiegel

speciale	besonders; besonderer, -e, -es
specializzato	spezialisiert, Fach-
spedire *(-isc-)*	verschicken
spegnere *(→ S. 168 f. / Part. Perf.* spento*)*	ausschalten
spendere	ausgeben
sperare	hoffen
spesa	Einkauf
fare la spesa	einkaufen
spesso	oft
spettacolo	Aufführung, Vorstellung
spiaggia	Strand
andare in spiaggia	an den Strand gehen
spiegare	erklären
splendido	wunderbar, herrlich, prächtig
sponsorizzare	sponsern
sporco	dreckig
sport *(m.)*	Sport; Sportarten *(im Plural)*
sportivo	sportlich
sposare	heiraten
sposarsi	heiraten
sposato	verheiratet
spostare	umparken (**25** 1); verschieben (**53** 2, **64** 2)
spumante *(m.)*	Sekt
spuntino	Imbiss *(Mahlzeit)*
squisito	köstlich
stadio	Stadion
stagione *(f.)*	Jahreszeit
stamattina	heute Morgen
stancante	ermüdend
stancarsi di qualcuno	jemanden satthaben
stanco	müde
stanco morto	todmüde
stanotte	heute Nacht
stanza	Zimmer
stare *(→ K 10, S. 168 f. / Part. Perf.* stato*)*	bleiben; sein; stehen
come sta?	wie geht es Ihnen?
come stai?	wie geht es dir?
stare bene	gut gehen *(im Sinne von* es geht … gut); gut stehen *(Kleidung)*(**50** 2)
stare per (fare qualcosa) *(→ K 56)*	im Begriff sein (etwas zu tun)
stasera	heute Abend
Stati Uniti	Vereinigte Staaten
stazione *(f.)*	Bahnhof
stesso	der-, die-, dasselbe
la stessa cosa	dasselbe
lo stesso	trotzdem
stipendio	Gehalt
stirare	bügeln
stivale *(m.)*	Stiefel
Stoccarda	Stuttgart
storia	Geschichte
fare storie	Zicken machen
storia di fantascienza	Science-Fiction-Geschichte
strada	Straße
straniero	ausländisch, fremd
strano	seltsam
stressato	gestresst
strudel *(m.)*	Strudel *(Mehlspeise)*
studente *(m.)*	Student; Schüler (T1, **13** 1)
studiare	lernen; studieren (T1, **28** 3, **42** 3)
studio	Büro; Arbeitszimmer; Studium (**19** 3)
borsa di studio	Stipendium
studio legale	Rechtsanwaltskanzlei
studioso	fleißig, eifrig
su *(→ K 19)*	auf; in; hoch
su e giù	hoch und runter
su!	komm!, los!
subito	sofort
succedere *(→ S. 168 f. / Part. Perf.* successo*)*	geschehen, passieren
sud *(m.)*	Süden
sugo	Soße
suo *(→ K 39, 40)*	sein; ihr; seiner, -e, -es; ihrer, -e, -es
Suo *(→ K 39, 40)*	Ihr; Ihrer, -e, -es
suocera	Schwiegermutter
suoceri *(m. Pl.)*	Schwiegereltern
suonare	spielen *(Instrument)*; musizieren (**61** 4)
suonare la batteria	Schlagzeug spielen
superare	bestehen
supermercato	Supermarkt

supporre	annehmen
suppongo	ich nehme an
surrealista	surrealistisch
svedese *(m.)*	Schwede
svegliare	wecken
svegliarsi	aufwachen
Svizzera	Schweiz
svizzero	schweizerisch

T

tabaccheria	Tabakladen
tacco	Absatz *(Schuh)*
tacchi alti	hohe Absätze
tagliare	schneiden
tagliarsi	sich schneiden
Tailandia	Thailand
tango	Tango
tanto *(Adj. / → K 41)*	(so) viel
tanto *(Adv.)*	(so) sehr, (so) viel
tanto che	solange bis
tappeto	Teppich
tardi	spät
più tardi	später
tassa	Steuer
tavolo	Tisch
tazza	Tasse
te *(→ K 23, 24, 25)*	dich
a te	dir
tè *(m.)*	Tee
teatro	Theater
tecnico	Fachmann, Techniker
telecamera	Videokamera
telefonare (a)	anrufen; telefonieren (**56** 1)
telefonata	Anruf, Telefongespräch
telefonino	Handy
telefono	Telefon
televisione *(f.)*	Fernsehen
televisore *(m.)*	Fernseher
tema *(m.)*	Thema
temere	befürchten
tempo	Zeit; Wetter (**14** 1; **16** 2; **59** 4)
ai tempi di	zu Zeiten von
fa bel tempo	es ist schönes Wetter
in tempo	rechtzeitig
tempo libero	Freizeit
tenere *(→ S. 168 f.)*	halten
tenere (a)	Wert legen (auf)
tennis *(m.)*	Tennis
terribile	schrecklich
terzo	dritter, -e, -es
tessuto	Stoff
testa	Kopf
testimone *(m. + f.)* di nozze	Trauzeuge, Trauzeugin
ti *(→ K 23, 24, 25)*	dir; dich
ti va (di) …?	hast du Lust (zu) …?, magst du …?
timido	schüchtern
tipico	urig (7 3); typisch (**16** 3)
tipo	Typ, Kerl
Torino	Turin
tornare	zurückkommen, zurückkehren, zurückfahren
torre *(f.)*	Turm
torre degli Asinelli	Asinelli-Turm *(Sehenswürdigkeit in Bologna)*
torta	Torte
tortellini *(m. Pl.)*	gefüllte Teigtaschen
Toscana	Toskana *(ital. Region)*
tosse *(f.)*	Husten
tra *(→ K 19)*	zwischen; in *(zeitlich)*
tra poco	in Kürze, bald
tradire *(-isc-)*	betrügen
tradurre	übersetzen
traffico	Verkehr
tramezzino	*ital. Sandwich*
tranquillo	ruhig
trascorrere *(→ S. 168 f. / Part. Perf.* trascorso*)*	verbringen
trasferirsi	umziehen *(in eine andere Stadt)*
trasporto	Transport, Verkehr
traversa	Querstraße
tre	drei
treno	Zug
triste	traurig
tropicale	tropisch
troppo *(Adj. / → K 41)*	zu viel
troppo *(Adv. / → K 15)*	zu, zu viel, zu sehr
trovare	finden; vorfinden (**47** 4)
andare a trovare	besuchen

venire a trovare	besuchen (kommen)
trovarsi	sich befinden
trovarsi bene	sich wohlfühlen
tu *(→ K 6)*	du
tuo *(→ K 39, 40)*	dein; deiner, -e, -es
Turchia	Türkei
turista *(m. + f.)*	Tourist(in)
tutto *(→ K 41)*	all-, ganz; alles
di tutto	alles mögliche
tutta la notte/sera	die ganze Nacht/den ganzen Abend
tutti	alle
tutti i giorni	jeden Tag
tutto il giorno/tempo	den ganzen Tag/die ganze Zeit
TV (tivu) *(f.)*	Fernsehen

U

uccello	Vogel
uccidere *(→ S. 168 f. / Part. Perf.* ucciso*)*	töten, umbringen
uffa	uff *(Ausruf)*
ufficio	Büro
ufficio postale	Postamt
ultimo	letzter, -e, -es
Umbria	Umbrien *(ital. Region)*
un *(→ K 5)*	ein
un' *(→ K 5)*	eine
una *(→ K 5)*	eine; eins *(Uhrzeit)* (**11** 2)
all'una	um ein Uhr
unico	einzigartig, einmalig
università	Universität
uno *(→ K 5, 20)*	ein; eins
uomo *(Pl.* uomini*)*	Mann
uovo *(Pl.* uova*)*	Ei
urgentemente *(Adv.)*	dringend
usare	benutzen, verwenden
uscire *(→ K 10, S. 170 f.)*	ausgehen; aus dem Haus gehen
utile	nützlich
uva	Traube(n)

V

va bene!	gut!, alles klar!
vacanza	Urlaub
andare in vacanza	in Urlaub gehen/fahren
vacanze *(f. Pl.)*	Ferien; Urlaub
vacanze estive	Sommerferien
vagone letto	Schlafwagen
valigia	Koffer
fare la valigia	den Koffer packen
vasetto	kleines Glas
vaso	Vase
vecchio	alt
vedere *(→ S. 170 f. / Part. Perf.* visto*)*	sehen, anschauen
fare vedere	zeigen
vedere la TV	fernsehen
vedersi	sich sehen, sich treffen
veloce	schnell
vendere	verkaufen
Venezia	Venedig
venire *(→ K 10, 64, S. 170 f. / Part. Perf.* venuto*)*	kommen; werden
venire a prendere	abholen (kommen)
venire a trovare	besuchen (kommen)
venti	zwanzig
vento	Wind
veramente *(Adv.)*	wirklich; eigentlich (**3** 3, **35** 4, **39** 4)
verde	grün
verdura	Gemüse
verità	Wahrheit
vero	wahr
…, vero?	…, nicht wahr?
verso	gegen *(zeitlich)*
vestire	sich kleiden
vestirsi	sich anziehen; sich kleiden
vestito	Kleid
vetrina	Schaufenster
vetro	Fensterscheibe
vi *(→ K 23, 24, 25)*	euch; Sie; Ihnen
viaggiare	fahren; reisen (T1)
viaggio	Reise
vicino	Nachbar
vicino	in der Nähe; nah
lì vicino	dort in der Nähe
vicino a	in der Nähe von; neben
vicino a casa mia	bei mir (zu Hause) in der Nähe
videogioco	Videospiel
Vienna	Wien
villa	Villa

villetta	kleine Villa
vincere *(→ S. 170 / Part. Perf.* vinto*)*	gewinnen
vino	Wein
violento	gewalttätig
violino	Geige
visita	Besuch
visitare	besuchen; besichtigen (**44** 3)
vista	Sicht, Blick
vista sul mare	Blick aufs Meer
vita	Leben
vivace	lebhaft
vivere *(→ S. 170 f.)*	leben
vocabolario	Wörterbuch
voglia	Lust
avere voglia di (fare qualcosa)	Lust haben (etwas zu tun)
voi *(→ K 6, 23, 24)*	ihr; euch; Sie
a voi	euch; Ihnen
volentieri	gerne
volere *(→ K 9, S. 170 f.)*	wollen
volere bene	lieb haben
volo	Flug
volta	Mal
a volte	manchmal
ogni volta che	jedes Mal, wenn
qualche volta	manchmal
un'altra volta	ein anderes Mal
una volta	einmal
vorrei *(von* volere */ → K 48, 49)*	ich möchte
vostro *(→ K 39, 40)*	euer; eurer, -e, -es
votare	wählen

Y

yogurt *(m.)*	Joghurt

Z

zafferano	Safran
zaino	Rucksack
zia	Tante
zii *(m. Pl.)*	Onkel und Tante
zio	Onkel
zitto	still
stare zitto	still sein
zona	Gegend
zoo	Zoo
zucchero	Zucker
zucchina/zucchino	Zucchini
zuppa	Suppe
Zurigo	Zürich